dtv

portrait

Herausgegeben von Martin Sulzer-Reichel

Ingeborg Schober lebt und arbeitet in München als Buch-
und Hörspielautorin, für Hörfunk und Fernsehen, als
Übersetzerin und Journalistin im Bereich Pop- und Jugend-
kultur, Medien, Mode und Lifestyle. Sie schreibt u. a. für
die ›Süddeutsche Zeitung‹. In der Reihe ›portrait‹ ist von
ihr bereits der Band ›Jim Morrison‹ (dtv 31049) erschienen.

Janis Joplin

von Ingeborg Schober

Deutscher Taschenbuch Verlag

Weitere in der Reihe dtv portrait erschienene Titel
am Ende des Bandes

Originalausgabe

Dezember 2002
2. Auflage Juli 2005
Dieses Buch folgt den Regeln der neuen deutschen Rechtschreibung.
© Deutscher Taschenbuch Verlag GmbH & Co. KG, München
www.dtv.de
Das Werk ist urheberrechtlich geschützt.
Sämtliche, auch auszugsweise Verwertungen bleiben vorbehalten.
Umschlagkonzept: Balk & Brumshagen
Umschlagfoto: © KEYSTONE
Satz und Layout: APE Intl., Richmond, VA
Druck und Bindung: APPL, Wemding
Gedruckt auf säurefreiem, chlorfrei gebleichtem Papier
Printed in Germany   ISBN 3-423-31065-0

Inhalt

1 Janis Joplin, in Gedanken versunken, trinkt nach einem Konzert im Fillmore East 1968 in Ratner's Restaurant eine Tasse Tee.

Ein Mercedes-Benz ist nicht genug

Im Jahr 1995 haut die noch ganz junge Schauspielerin Franka Potente in dem deutschen Spielfilm ›Nach 5 Uhr im Urwald‹ von zu Hause ab, um sich bei einem Werbe-Casting mit dem Janis-Joplin-Song ›Mercedes-Benz‹ zu bewerben. Gleichzeitig feiern die autoritären Eltern eine nostalgische und wenig bürgerliche Sechziger-Jahre-Party ganz im Sinne von Janis Joplin – mit lauter Rockmusik, etlichen Joints und viel Alkohol.

In gewissen Fernsehserien und TV-Movies über Beziehungsdramen läuft immer dann im Hintergrund ein Janis-Joplin-Song, wenn eine trotzige bis rotzige Protagonistin den Raum betritt. Vielleicht bezeichnete deshalb eine junge Quiz-Kandidatin zum Thema Sechziger-Jahre-Helden den Gesang von Janis Joplin geradezu angewidert als »ziemlich schaurig«.

Janis Joplin ist also immer noch allgegenwärtig, wenn auch nicht unbedingt mit ihrem Namen. Aber als eine Person, die polarisiert. Sie war ein weiblicher Tramp, ruhelos, experimentierfreudig, auch sexuell zügellos, verstieß gegen alle Konventionen und steckte voller Widersprüche. Sie sang schwarz und war weiß, fluchte wie ein Bierkutscher, liebte ausgefallene Kleider und Schmuck, wollte das brave, bürgerliche Mädchen sein, konnte es nicht und pendelte bis zu ihrem Tod zwischen Bürgerlichkeit und Boheme.

Du konntest überall in Amerika auf einem Konzert oder Festival herumlaufen und sie sehen, die Töchter von Janis, die zähen und demolierten kleinen Gesichter, herausfordernd frei von Make-up und anderen kosmetischen Verschönerungen, das Haar eindeutig dreieckig in seiner Elektrizität, die Kleider lang, locker und zigeunerhaft – und, schau Mami, keine Miederhöschen und, noch besser, Brustwarzen

Lillian Roxon, US-Rockkritikerin

Sie hatte als Mädel damals keine Chance, aber sie nutzte sie – so könnte man den Spagat von Janis in der Männerdomäne Musikgeschäft bezeichnen. Und nicht eine hat nach Janis Joplins Tod mit dieser Wucht und Vehemenz die Rockbühne betreten und erobert. Die angesagten Sängerinnen der Sechziger wie Mama Cass von den Mamas & Papas, Grace Slick von Jefferson Airplane, Cher oder Joan Baez waren kein Vorbild für sie, die tragische Blues- und Jazzgrößen wie Bessie Smith und Billie Holiday verehrte. Gleichzeitig tobte sie wie ein verfrühtes Punk-Girl im Nuttenlook über die Bühne, sagte lieber »Piss off!« oder »Fuck You!« statt »Wear a Flower in Your Hair!«. Mit ihren Launen und dem rüden Verhalten war sie ein menschlicher Alptraum und selbst für die Musikwelt zu laut. Und schon gleich gar für ihren Geburtsstaat Texas, wo Frauen anders laut sind, nämlich kokett. Als abgetakelte »Pearl« persiflierte sie Hollywood-Göttinnen wie Mae West bis an die Grenze des Kitsches. Sie war himmelhoch jauchzend und zu Tode betrübt, mal das kleine, verletzliche, verlorene Mädchen, dann die laut tönende, lärmende, ruppige Blues-Mama mit Boa um den Hals und Federn in den zerzausten Haaren.

Ihre Verhaltensweise stand in starkem Kontrast zum Rollenverständnis einer Frau aus der Mittelschicht und zum Bildungsbürgertum der fünfziger Jahre oder wie die Buchautorin Alice Echols schrieb: »Dies war schließlich das Nachkriegsamerika, in dem Mädchen sexy und nicht sexuell zu sein hatten.« Janis gehörte zu den »Sandwich-Frauen«, die zwischen zwei extrem unterschiedlichen Frauengenerationen ihren eigenen Weg suchten und da-

---

Die **Mamas & Papas**, ein Quartett aus Los Angeles, waren in den sechziger Jahren mit sieben Nr.-1-Hits in 18 Monaten die erfolgreichste Vokalband der Flower-Power-Ära – Klassiker der genialen Gesangsharmonien sind ›Monday, Monday‹, ›California Dreamin'‹ und ›I Saw Her Again‹. John Phillips und seine Frau, das Ex-Model Michelle, standen in starkem Kontrast zur schwergewichtigen »Mama« Cass Elliott. 1967 waren sie Mitorganisatoren des legendären Monterey Pop Festivals. Nach 1968 versuchte sich Phillips als Produzent, Michelle

bei aufgerieben wurden – der ihrer Mütter und der ihrer späteren »Töchter«, für die sie den Weg bereiteten. Janis war geprägt von der muffigen, moralinsauren und frauenfeindlichen Erziehung der fünfziger Jahre und folglich stark abhängig von der bürgerlichen Fassade und Anerkennung, was natürlich mit ihrer grenzenlosen Rebellion dagegen kollidierte. Ihre künstlerische Leistung wurde von denen, deren Liebe sie gewinnen wollte – also Eltern, Autoritätsfiguren, aber auch Männer –, nicht gewürdigt. Denn sie machte in einer neuen, fremden Welt Karriere, die als suspekt und minderwertig abgelehnt wurde. Insofern war sie eine Wanderin zwischen den Welten, eine tragische Figur, die Grenzen überschritt, aber immer zurück durch den bürgerlichen Gartenzaun wollte. Dieser Spagat hat sie innerlich zerrissen, ihr schwaches Selbstbewusstsein noch mehr unterminiert, ist eine Erklärung dafür, wieso sie Komplexe und Zweifel nicht los wurde. Sie hat sich selbst erniedrigt und sich erniedrigen lassen von männlichen Hochstaplern, Versagern und Schmarotzern, die ihr nicht das Wasser reichen konnten, weit unter ihrer Würde und ihrem Niveau waren. Alice Echols schrieb in ihrem Buch ›Piece of my Heart‹, Janis sei wie so viele talentierte und gequälte Künstlerinnen eine der letzten berühmten Frauen, deren Tod in gewisser Weise unvereinbar damit verknüpft war, Künstlerin und Frau zugleich zu sein.

Damit steht Janis nicht allein da als Opfer des Showgeschäfts. Hoch begabte, erfolgreiche Künstlerinnen wie Billie Holiday, Tina Turner oder gar Whitney Houston sind an einem ähnlich schicksalhaften Privatleben gescheitert.

als Schauspielerin, unter anderem in ›The Last Movie‹. Mama Cass starb nach einer Solokarriere 1974 an einem Herzinfarkt.

Ich bin kein Star!
Janis Joplin

Es waren nicht allein die Drogen, die Janis zerstört und getötet haben, es waren auch der Mangel an Liebe, Vertrauen, Selbstverständnis und gesellschaftlicher Anerkennung, die sie so verzweifelt suchte und die ihr versagt blieben. Trotz allem oder genau deswegen wurde sie im 20. Jahrhundert die einzige weiße Blues-Ikone und Rocksängerin von Star-Format, der bis heute keine das Wasser reichen kann. Doch die eigentliche und späte Würdigung und Wiedergutmachung kam erst in den neunziger Jahren mit der Wiederveröffentlichung ihrer Platten auf CD.

Das Phänomen Janis Joplin ist vielschichtig – sie war ohne Platten schon ein Bühnen- und Medienstar, hatte den ersten und einzigen Hit nach ihrem Tod und vollbrachte als weibliche Pionierin in einer männerdominierten Welt einen gefährlichen Drahtseilakt. Was diese als Rockstars durften und faszinierend machte, wurde ihr vorgeworfen. *Bad boys* ja, *bad girls* nein. Heute würde man sagen, gute Mädchen kommen in den Himmel, böse über-

2   Janis Joplin im Konzert

Ich verkauf mein Herz!
Janis Joplin zu ›Newsweek‹

all hin. Ganz ohne Frage hat etwa nicht nur Nina Hagen viele der exaltierten Gesangsphrasierungen von Janis studiert und auch die Art und Weise, wie man einen ursprünglich melodischen Song fast bis zur Unkenntlichkeit »zerfetzen« kann, sondern auch modische Anleihen genommen. Anastacia erinnert bisweilen ebenfalls, wenn auch musikalisch in sehr gemäßigt schicker Form, an Janis, nicht zuletzt, weil sie als hippes Accessoire ausgefallene Brillen trägt. Aber welche Frau im Showgeschäft beruft sich schon freiwillig auf ein weibliches Vorbild, das zu seiner Zeit als »hässlich« galt? Die amerikanische Musikerin und Sängerin Melissa Etheridge findet, Janis hätte Frauen wie ihr den Weg geebnet, Rockstars statt Sekretärinnen zu werden. Trotzdem taugte Janis Joplin nicht als weibliches Rollenidol. Auch wenn sie ihren Prototyp erfunden hat, starb er quasi mit ihr, während ihr Gesangsstil, ihre Intensität als Einfluss auf die Rockmusik überall zu orten sind. Kurioserweise aber vor allem bei männlichen Sängern, insbesondere von Heavy-Metal-Bands, die das natürlich nie zugeben würden oder selbst gar nicht merken. Schon Robert Plant von Led Zeppelin kopierte Janis und die Legionen, die ihn kopierten, kopierten ahnungslos wiederum Janis. 1970 schrieb der amerikanische Journalist David Dalton, dass Janis' Rolle als die Frau, mit der man Pferde stehlen kann und die jeden Mann unter den Tisch trinkt, eigentlich nur eine Antwort auf die androgynen Posen männlicher Rockstars sei, die feminine Ausdrucksweisen in den Rock integrieren würden, in denen Frauen nichts zu sagen hätten – also quasi den Frauen die Chance nahmen, eine ähnliche Rolle aus weiblicher Sicht zu spielen.

> Leute machen Janis nach, selbst wenn sie nicht wissen, dass sie es tun. Meist sind es sogar langhaarige Männer in Heavy-Metal-Bands.
> *Debbie Harry, Sängerin der US-Band Blondie*

Oh Lord won't you buy me a Mercedes-Benz
My friends all drive Porsches,
I must make amends.
Worked hard all my lifetime,
No help from my friends
So, Lord, won't you buy me a Mercedes-Benz?

Mein Gott, kaufst du mir nicht einen Mercedes-Benz?
Meine Freunde fahren alle Porsche,
ich brauche eine Wiedergutmachung.
Ich habe mein ganzes Leben lang hart gearbeitet,
ohne Hilfe von meinen Freunden,
also Gott, kaufst du mir nicht einen Mercedes-Benz?
›Mercedes-Benz‹ (1969)

Janis konnte es nicht einmal sich selbst recht machen: Obwohl sie bewusst provozierte, war sie über das meist schockierende Ergebnis betrübt. Ihr Schicksal war es, dass sie eigentlich nirgendwo zu Hause war, nicht einmal in sich selbst, und überall eine andere Bedeutung genoss, als eine andere Janis angesehen wurde. Sie rührte bis tief ins Unterbewusstsein an weiblichen und männlichen Emotionen. Sie kam wie eine Naturgewalt und alle Unwetter zusammen über die Rockszene, wie ein Zugunglück, eine Entgleisung aller weiblichen Tabus, wie eine Dampfwalze, die mit bourbongetränkter Bluesstimme und Angst einflößenden Schreien die Rockbühne im Sturm nahm, ein Punk in Beatnik- und Hippiezeiten, eine Trash-Diva der Sechziger. »Genug ist nicht genug«, ein texanisches Sprichwort, war nun mal ihre Devise. »Oh Lord, won't you buy me a Mercedes-Benz?«

Braves Mädchen

Janis Joplins Mutter Dorothy East stammte aus Nebraska, wo ihr Vater Cecil bis zur Weltwirtschaftskrise Viehzüchter war. Danach versuchte er sich als Exportkaufmann und Grundstücksmakler, zog mit seiner Frau Laura und den vier Kindern nach Kansas City, dann nach Los Angeles und schließlich nach Amarillo, Texas. Er war ein Trinker und Schürzenjäger, Dorothys Mutter Laura eine mürrische Frau. Dorothy absolvierte ihr letztes Highschool-Jahr in Amarillo. Ihre kräftige Sopranstimme brachte ihr ein Stipendium für Gesang an der Texas Christian University ein. Aber sie brach das Studium ab, weil sie keine Opernarien singen wollte, sondern lieber Broadway-Songs, was damals als ziemlich frivol galt. Später behauptete sie jedoch, die ganze »Musikszene« hätte ihr nicht gefallen. Stattdessen nahm sie in Amarillo eine Verkäuferinnen-Stelle an und arbeitete sich rasch zur Abteilungsleiterin hoch. Sie trug eine hochmodische

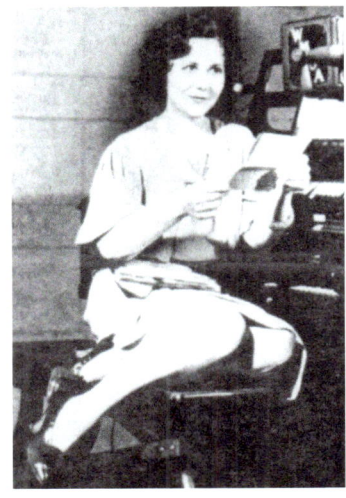

3   Dorothy East Joplin, die Mutter, im Alter von 21 Jahren

Bobfrisur, rauchte sogar öffentlich, obwohl in diversen US-Staaten Zigaretten verboten waren, trug auffallende, elegante Hüte und jobbte im Rundfunk als Ansagerin. Ihre unkonventionelle Haltung in jungen Jahren weist im Nachhinein viele Parallelen zu ihrer ältesten Tochter Janis auf. Sie war zwar eine lebenslustige Person, allerdings mit großem Ehrgeiz und strengen Moralvorstellungen.

1936 heiratete Seth Joplin die dreiundzwanzigjährige Dorothy East. Das Ehepaar siedelte nach Port Arthur nahe der Grenze zu Louisiana am Golf von Mexiko über. Dort begann Seth als kleiner Angestellter für die mächtige Ölfirma Texaco, was ihn vor dem Armeedienst im Zweiten Weltkrieg bewahrte. Seth, der im Ruf eines Playboys stand, hatte Dorothy in Amarillo bei einem Tanzabend kennen

gelernt und ihr ein Jahr lang den Hof gemacht. Beide hatten in ihrer Jugend Not und Elend erlebt. Seth Joplin war 1910 als zweites Kind von Seeb und Florence Joplin in Amarillo geboren worden, wo seine Eltern einen Viehhof und eine kleine Pension betrieben. Der gut aussehende, charmante Ingenieurstudent brach sein Studium an der Texas A&M University im letzten Semester ab – wohl aus Geldmangel oder wegen schlechter

4   Seth Joplin, der Vater, kurz vor der Ehe mit Dorothy East

Noten –, kehrte 1932 nach Amarillo zurück und arbeitete dort als Tankwart. Doch eigentlich war er ein Schöngeist, der sich für Literatur und klassische Musik begeisterte. Zum Ärger von Dorothy brannte er während der Prohibition heimlich Schnaps und rauchte Marihuana, das damals allerdings noch legal war. Auch wenn Seth bei Texaco erst einmal bescheiden in der Zulieferfirma für Dosen und Kanister anfing, stieg er bald zum Vorarbeiter auf.

Nachdem Cecil Easts Alkoholprobleme zur Scheidung von Dorothys Mutter Laura geführt hatten, zog diese mit Dorothys jüngerer Schwester Mimi zu dem jungen Ehepaar Joplin. Obwohl die Joplins anfangs in sehr bescheidenen Verhältnissen lebten, kauften sie in einem der besseren Vororte von Port Arthur, einem damals ländlichen Vorort namens Griffing Park, ein kleines Haus am Lombardy Boulevard 3630. An den Wochenenden vergnügten sie sich mit Freunden in den Bars von Vinton, Louisiana, jenseits des Sabine Rivers und unternahmen ebensolch feuchtfröhliche Ausflüge, wie sie Dorothy später bei ihrer Tochter Janis so sehr verdammte. Für lebensfrohe Menschen mit kulturellen Interessen war Port Arthur im Südosten von Texas eine Diaspora. 1940 wuchs die bibelfeste Ölraffinerie-Metropole aus dem Nichts zur fünftgrößten Stadt Amerikas, geprägt von der wohlanständigen Saubermann-Scheinheiligkeit ihrer weißen Bewohner und strenger Rassentrennung. Mindestens 40 Prozent der Bevölkerung waren Schwarze, die völlig isoliert in den Außenbezirken lebten. Man ignorierte die 32 Bordelle für die Seeleute, das Glücksspiel und die Korruption der Mafia aus dem benachbarten New Orleans. Es herrschte ein rauer Um-

Einer der nettesten Männer, mit denen ich je gearbeitet habe. Sein Motto lautete leben und leben lassen, und danach richtete er sich auch.
Gladys Lacy, ein Kollege von Seth Joplin

gangston, Gewalt, Schlägereien und Mord waren an der Tagesordnung. Auch die klimatischen Bedingungen unter der allgegenwärtigen schmierigen Dunstglocke waren mörderisch, subtropisches Wetter und eine lange Regenzeit, bei der auch im Winter die Temperaturen selten unter 4 Grad Celsius sanken. Damit gehörte Port Arthur laut der ›Business Week‹ zu den zehn hässlichsten Städten Amerikas.

Janis Lyn Joplin wurde am 19. Januar 1943 um 9.45 Uhr morgens im St. Mary's Hospital geboren und wog lediglich fünfeinhalb Pfund. Das winzige Baby entwickelte sich bald zu einem Prachtkind, das viel Geschicklichkeit bewies, mit einem Jahr bereits perfekt mit Messer und Gabel umgehen und aus der Tasse trinken konnte. Als kleines Kind war sie eine Schlafwandlerin und lief nachts oft auf die Straße hinaus. Janis war ein wissbegieriges Kind, das schon vor Schuleintritt lesen konnte und schnell lernte. Vor allem aber zeichnete und malte sie unentwegt. Gleichzeitig irritierte sie alle mit Trotzattacken, einer unglaublichen Sturheit und zeigte eine gewisse Neigung, gegen den Strom zu schwimmen.

5 Im Alter von wenigen Monaten mit ihrer Mutter Dorothy

Wenn sie bei einem Spiel im Uhrzeigersinn herum marschieren sollten, dann gingen sie in die entgegengesetzte Richtung und fanden es sehr lustig.
Janis' Mutter über ihre Tochter und einen Kinderfreund

Schon für die kleine Janis war die Welt eine Art Glitzer-
palast voller Freuden, die man auf der Stelle genießen
sollte. Dem wirkte ihre Mutter mit Disziplin und Strenge
entgegen. Die Mutter eines Klassenkameraden von Janis
erzählte dem Buchautor Ellis Amburn, dass Dorothy ihre
kleine Tochter gezwungen hätte, in Reithosen zur Sonntagsschule zu gehen. »Sie meinte, sie müsse ihr Selbstbewusstsein stärken, um sich durchzusetzen.« Auch andere
berichten, dass die kleine Janis in den für Mädchen allseits verpönten Hosen herumlief, obwohl sie sich darin
lächerlich fühlte und viel lieber Kleider mochte. Selbst
hierzulande wurden Hosen für Mädchen oder Frauen sogar noch Anfang der sechziger Jahre schlichtweg als

unmöglich angesehen und
waren in Schulen sogar verboten. Im spießigen Port Arthur führte das unmögliche
Kleidungsstück zu den ersten Hänseleien der klei-
nen Janis, die erstmals in
eine Außenseiterrolle ge-
drängt wurde. Dorothy war
in jedem Punkt der absolut
dominierende Teil der Familie, eine fleißige, disziplinier-
te, aber sehr distanzierte
Frau mit draufgängerischem
Temperament, mit dem sie
oft für Aufregung sorgte.
Sie besaß eine gewitzte In-

6   Janis im Alter von 11 Jahren
mit einer eigenen Zeichnung

telligenz, war aber bei gewissen Themen engstirnig und intolerant. Sie fand sich nur schwer mit dem Hausfrauendasein ab, engagierte sich im sozialen und kirchlichen Leben von Port Arthur, wobei ihr das gesellschaftliche Ansehen über alles ging. Damals unterrichtete sie schon in Janis' Sonntagsschule der First Christian Church. Viele pädagogische Ehrenämter sollten folgen.

Amerika erlebte nach dem Zweiten Weltkrieg einen Wirtschaftsaufschwung, hoch spezialisierte Techniker wie Seth waren gefragt und die Joplins bald wohl situiert. Sie zogen in ein Haus an der wesentlich ländlicheren 4330 Procter Street um, nur unweit vom alten Wohnort entfernt. Dort besuchte Janis die Tyrrell Public School, die Volksschule der bibeltreuen First Christian Church, an der Dorothy unterrichtete, die ihrer Tochter anfangs auch noch Klavierstunden gab.

Vor der Geburt von Janis' Schwester Laura 1949 erlitt Dorothy zwei Fehlgeburten. Ihre Schwester Laura wurde geboren, als Janis sechs war, und stand nun im Mittelpunkt. Doch Janis zeigte keinerlei Eifersucht und kümmerte sich rührend um ihre kleine Schwester: »Sie beaufsichtigte sie mit viel mehr Fürsorge, als ich es tat«, so Dorothy.

Schon als kleines Mädchen hatte Janis die Geschichten und Märchen, die ihr erzählt wurden, weitergesponnen und ausgeschmückt. In der ersten Klasse schrieb sie kleine Theaterstücke, die sie mit Freunden aufführte. Dafür baute ihr Vater ein kleines Puppentheater im Garten. Es gab einen Sandkasten und jede Menge Tiere, vor allem Hunde, die Janis liebte. Janis hatte keine Schulprobleme

Sie dachte sich diese Geschichten aus. Es war derart verrückt, dass man es so hinnehmen musste, wie es war. Meiner Meinung nach versuchte sie das Gleiche auch mit der Presse. Und dieser Schuss ging nach hinten los. Ich ignorierte ihre wundervolle Fähigkeit, den Menschen zu vertrauen.

Janis' Mutter Dorothy

und brachte ohne große Anstrengung die besten Noten nach Hause. Sie sang zwar im Chor der lokalen Baptistengemeinde, doch keinem schien ihre musikalische Begabung aufzufallen und ihre Mutter hat das bewusst nicht thematisiert. Tatsache ist, dass Dorothy nach einer verpfuschten Schilddrüsenoperation 1949 ihre Gesangsstimme verlor und das Klavier der sechsjährigen Janis von einem Tag auf den anderen wortlos verbannte. Offenbar veränderte diese Operation ihren gesamten Charakter. Sie schien sehr konträr und extrem und pendelte zwischen zwei widersprüchlichen Lebenskonzepten, die ihrer emotional labilen Tochter keine Orientierung boten. Dorothy wurde zunehmend kühler, leidenschaftslos, streng, prüde und entwickelte sich zu einer altmodischen, sehr rigiden Frau. Damit waren die späteren Konflikte mit Janis, insbesondere in Bezug auf deren Gesangsambitionen, vorprogrammiert.

Laura meinte später, ihre Mutter hätte sie immer angetrieben, sich zu übertreffen, und alles überwacht, sogar das Spielen korrigiert und Verbesserungsvorschläge gemacht. Auch das Spielzeug musste Sinn machen, das Lernen fördern. Viele von Janis' Jugendfreunden berichteten, dass Dorothy eine starke Kontrolle ausübte, sehr sittenstreng und kritisch war. Wenig erstaunlich also, dass Janis' psychologische Entwicklung nicht mit ihrem Intellekt Schritt hielt. Noch mit acht Jahren lutschte sie am Daumen. Angeblich habe sie ihr Vater schließlich vor die Wahl gestellt, entweder damit aufzuhören oder auf eine ihrer Lieblings-Radiosendungen zu verzichten, was Janis mit einem Tobsuchtsanfall quittierte. Um ihr Zeichentalent zu fördern, schickte die Mutter sie während des dritten

> Es wurde deutlich, dass Janis sich selbst zum Erfolg trieb, ob es um Positionen, Zensuren oder Aktivitäten ging …
> *Janis' Mutter Dorothy*

und vierten Schuljahrs zu einem privaten Kunstunterricht, der sich jedoch im Wesentlichen auf technisches Zeichnen beschränkte.

1953 wurde Janis' Bruder Michael geboren, den sie ebenfalls liebevoll umhegte. Allerdings forderte die bis dahin eher mustergültige und liebenswürdige Janis mehr Aufmerksamkeit als andere Kinder, war tonangebend und wollte immer im Mittelpunkt stehen. Sie entwickelte einen auffälligen Ehrgeiz, wie ihre Mutter stets in allem die Erste und Beste zu sein. In der sechsten Klasse wechselte sie, wie in den USA üblich, an die Mittelschule, übersprang aber wegen ihrer exzellenten Noten eine Klasse und bekam prompt mit den älteren Klassenkameraden Probleme, weil sie sehr klein war. Auch die vielen Rowdys im Bus setzten ihr zu und deshalb brachten die Eltern sie bald mit dem Auto zur Schule. Trotzdem tat sie sich immer hervor, zumindest wenn sie genügend Lob erhielt. Sie war in derselben Klasse mit ihrer langjährigen Freundin Karleen Bennett, die Janis und ihren Vater oft in die Bibliothek begleitete: »Mr. Joplin war sehr gebildet. … Er riet uns, erst ein Buch in der Hand zu wiegen. Wenn es schwer ist, dann ist es wohl ein gutes Buch, meinte er, weil sie dann teures Papier genommen haben.« Janis erklärte später, »dass es das größte Ding in unserem Haus war, wenn du gelernt hattest, deinen Namen zu schreiben. Dann hast du dir einen Ausweis für die Bibliothek besorgen müssen.« Vater Seth diskutierte gern und unternahm mit den Kindern Ausflüge in die Natur, um »das Alltägliche spannend zu machen«. Dorothy war stolz darauf, ihre Kinder stets zum Denken und Diskutieren an-

Ich habe Gedichte gelesen und ein bisschen gemalt.
Janis Joplin

Damals hat sie gesungen. Das war ganz anders als dieses Geheul, das man später von ihr zu hören bekam.
Ein Lehrer aus der Junior Highschool über Janis Joplin

gehalten zu haben: »Wir schlossen die Kinder in all unsere Gespräche ein. Wir wollten, dass sie ihre Meinungen und Gedanken zu allem äußerten, was zur Sprache kam.«

1954 hob der Oberste Gerichtshof die Rassentrennung in den Schulen auf, ein Urteil, das vor allem in den Südstaaten schlicht ignoriert wurde. Zu dieser Zeit gehörte Janis dem Schulchor der Junior Highschool an, zeichnete für die Schülerzeitung ›The Driftwood‹ und schrieb dafür die Geschichte ›Ein ganz ungewöhnliches Gebet‹. Jack Smith lernte Janis in der siebten Klasse beim Bridgespiel in einem Club namens »Bridge für kulturellen Fortschritt« kennen. Seiner Meinung nach war sie damals durchaus beliebt. »Es gibt sehr viele Leute, die jegliche Kommunikation zwischen ihr und ihren Eltern glattweg leugnen, aber sie irren sich.« Er begleitete Janis auch in die Kirche, als sie in der neunten Klasse bei einer Weihnachtsaufführung mit ihrer hellen Sopranstimme ein Solo sang. »Sie war bereits ein kleiner Star und der Augenstern ihrer Mutter.« Damals begann Janis für das Schwarze Brett der Bücherei Plakate zu zeichnen und die ›Port Arthur News‹ veröffentlichte ein Foto einer ihrer Illustrationen.

Dorothy förderte die Kunstbegeisterung ihrer Tochter mit Malutensilien und Kunstbänden. Allerdings war sie wenig davon begeistert, dass Janis ausgerechnet ein Faible für Aktzeichnungen entwickelte, im damaligen Port Arthur geradezu skandalös. Es wird berichtet, dass in Janis' späterer Zeichenklasse an der Universität in Austin die Aktmodelle noch Badeanzüge trugen. Als Janis die Innenseite ihrer Kleiderschranktür mit einem Akt zierte, war die Geduld ihrer Mutter am Ende und Janis musste das Bild

Vor etwa drei Monaten betete Laura: »Lieber Gott, wir danken dir für die Vögel, die Blumen und die Dinge, mit denen wir spielen. Lieber Gott, wir danken dir für die schönen Nächte und die schönen Tage. Amen.« Als sie fertig war, hörten wir einen seltsamen Singsang aus Mikes Ecke: »Vögel, Pumen (Blumen), 'toffeln, Erbsen, Wasser, Bupper (Butter), Teller.« Mike sagte sein Tischgebet …
Aus ›Ein ganz ungewöhnliches Gebet‹, 1954

übermalen. Der Vater versuchte es dagegen mit einer Ablenkungstaktik und unternahm mit seiner Ältesten Ausflüge ans Meer, um sie für die Landschaftsmalerei zu begeistern.

Dorothy und Seth wünschten sich eine ganz normale Familie, waren aber beide offenbar nicht in der Lage, Herzlichkeit und Wärme zu zeigen. Dorothy billigte es nicht, dass ihr Mann kein Christ war, sich in seine Garage zum Basteln zurückzog und dort heimlich der Flasche zusprach. Janis vergötterte ihren Vater geradezu, bezeichnete ihn als einen »heimlichen Intellektuellen«. Obwohl Seth hingebungsvoll für seine Familie sorgte, war er eher ein Eigenbrötler und Philosoph und meinte, dass er auch ein guter Mönch geworden wäre. Während die Mutter übermächtig war, wurde der Vater beinahe unsichtbar und machtlos und verkümmerte allmählich in der Enge von Texas.

Sie war wie ein viktorianischer Vater, durchaus vom Wunsch nach Nähe, Innigkeit erfüllt, jedoch von der Pflicht gefordert und entschlossen, ihr Kind vorzubereiten. Sie konnte ihr dieses letzte Stück nicht entgegenkommen, aber Janis war trotzdem ihr ein und alles. Eher war es so, dass Janis sich wünschte, dass ihre Mutter etwas Bestimmtes darstellte, und ihre Mutter sich gleichzeitig dasselbe von Janis wünschte, und darüber gerieten sie in Konflikt.
Janis' Schulfreund Jack Smith über Dorothy Joplin

Böses Mädchen

Mit 14 wechselte Janis auf die Thomas Jefferson Senior Highschool. Sie hatte Komplexe, weil sie rund ein-einhalb Jahre jünger als ihre Mitschülerinnen und noch völlig unterentwickelt war. Sie trug gerade Röcke, T-Shirts, weiße Söckchen und Loafers, sanft gelocktes Haar und schminkte sich bis ins kommende Jahr noch stark. Der Unterricht war eher praktisch orientiert, mit Druck- und Metallwerkstätten, einer Tischlerei und einem Schweißer-kurs. Das »Schöngeistige« beschränkte sich auf techni-sches Zeichnen und Janis fühlte sich unterfordert und hatte Schulfrust.

Da die soziale Anerkennung vor allem davon abhing, in welche Schulämter man gewählt oder zu welchen Miss-wahlen man nominiert wurde, war es für Janis ein großer Schlag, dass man sie nicht ins angesehene Musikkorps Red Hussars aufnahm. Zudem setzte sie so genannten Ba-byspeck an und litt unter einer hartnäckigen Akne. Ihre Mutter ließ die Schilddrüse von Janis untersuchen, aber es lagen keine Funktionsstörungen vor, die ihre unnatürliche

7   Die Truppe des renommierten Musikkorps der Red Hussars 1954, bei denen es Janis nicht gelang, Aufnahme zu finden

Gewichtszunahme erklärt hätten. Intelligenz und künstlerische Talente halfen einem pummeligen, hässlichen Entlein an der Jefferson Highschool auch nicht weiter, wo man schon an Ansehen verlor, wenn man Bücher las. Ihr Schulfreund Grant Lyons dazu: »Wenn du in Port Arthur, Texas, vierzehn geworden bist, hast du an einer Art sexuellem Wettbewerb teilgenommen, wenn du ein Mädchen warst. Und wenn du nichts vorzuweisen hattest, dann hattest du schlechte Karten. Die Mädchen, die beliebt waren, sahen gut aus. Janis aber nicht.«

Janis war unglücklich und reagierte mit Aufsässigkeit. Doch ihr ungehobeltes und provokantes Verhalten machte sie nur noch unbeliebter. Zwei unterschiedliche Ereignisse ließen ihre Konflikte mit Autoritätspersonen und ihrer Umgebung eskalieren. 1957 erschien der legendäre Beatnik-Roman ›On the Road‹ von Jack Kerouac, der zu ihrer Bibel wurde. Und ein Artikel im ›Time Magazine‹ über die Beatniks verfehlte ebenfalls nicht seine Wirkung. Ab da wurde sie bewusst zur Außenseiterin, lief nur noch in Beatnik-Kluft herum, in kurzen Röcken, dunklen Strumpfhosen, Jeans, Männerhemden und schwarzen Pullis. 1957 wurden die neuen Rassengesetze erlassen und somit schwarze Schüler den weißen gleichgestellt. Janis machte sich lebenslange Feinde, als sie die Rassenintegration an ihrer Schule befürwortete. »So etwas macht man einfach nicht in Port Arthur«, so ihre Freundin Karleen, »man macht das noch nicht einmal heute!« Danach wurde Janis überall als »Niggerfreundin« verhöhnt, mit Pennys beworfen, als »Schwein« und »Drecksau« beschimpft. Um ihre Verletzlichkeit und Sensibilität zu verstecken, spielte Janis

Jack Kerouac (1922–1969) wurde in Lowell, Massachussetts, geboren und diente im Zweiten Weltkrieg in der Handelsmarine. Danach war er sechs Jahre in Amerika und Mexiko unterwegs und lebte von Gelegenheitsjobs. 1957 erschien sein autobiografischer Bestseller-Roman ›Unterwegs‹ (›On the Road‹), später weitere Kultbücher der Beatnik-Generation wie ›Engel, Kif und neue Länder‹, ›Maggie Cassidy‹ und ›Lonesome Traveller‹. Jack Kerouacs Themen waren Tempo, Jazz, Sex, Marihuana und Freiheit.

zunehmend den Clown, reagierte voller Trotz und tat alles, um aufzufallen und beachtet zu werden. Insgeheim wollte sie dazugehören, äußerlich entfernte sie sich mehr und mehr von der Norm. Mit ihren Freundinnen Karleen und Arlene Elster schloss sie sich den harten Brillantine-Jungs in schwarzen Lederjacken an, den so genannten »Fonzies«, Vorläufer der Hell's Angels. Sie ließ sich wie deren Mädchen, die *tough girls*, die Haare orange färben und raste in Rooney Pauls hochfrisiertem Schrottauto durch die Gegend. Janis passte nicht mehr ins Bild von Port Arthur, fand sich selbst hässlich, wurde schlampig und obszön, kurzum »ein böses Mädchen«. Heute würde man das als normale pubertäre Rebellion bezeichnen.

Doch Dorothy war entsetzt über die Wandlung ihrer Tochter und sah den hart erkämpften Aufstieg der Familie in den Mittelstand gefährdet. Es kam zum offenen Kampf zwischen Mutter und Tochter, alltäglich kam es zu Streitereien. Weil Dorothy inzwischen als Lehrerin arbeitete und Großmutter East zum Pflegefall geworden war, hatte sie viel zu wenig Zeit für ihre schwierige Tochter. Karleen berichtet, dass die Joplins durchaus liberal waren, aber furchtbar streng, wenn es darum ging, »das Richtige« zu tun – oder das, was sie darunter verstanden. »Man konnte erkennen, dass irgendetwas geschehen würde. Entweder gab sie [Janis] nach und wurde zu dem, was ihnen vorschwebte, oder sie schlug um ins andere Extrem.« Dorothy wollte eine adrette, fleißige Vorzeige-Janis, ein anerkann-

Beatnik nennt man die Vertreter der radikal individualistischen *beat generation*, die in den fünfziger Jahren durch eine hektische, ekstatische Lebensgestaltung ein neues Lebensziel jenseits des bürgerlichen Alltags suchten. Die literarischen Vertreter stellen unter anderem die Flucht in Rauschzustände dar, wobei der Jazz als adäquate musikalische Ausdrucksform empfunden wird. Mit Slangausdrücken und dem Jargon der Drogensüchtigen und Jazzmusiker entwickelten sie eine eigene Sprache. Zu den Vorbildern zählten Schriftsteller wie William S. Burroughs, Norman Mailer und Henry Miller, aber auch Arthur Rimbaud, Charles Baudelaire, Sokrates und aus der antiken Mythologie die Götter Bacchus und Dionysos.

tes Mitglied der bürgerlichen Gesellschaft von Port Arthur. Doch wenn man bedenkt, dass sie ihrer Tochter als Kind die skandalösen Hosen aufgezwungen und sie angehalten hatte, ihre Individualität auszuleben, konnte dieser entgegengesetzte Kurs in der Pubertät nicht gut gehen. Diese Ambivalenz führte bei Janis zu dem Gefühl, nie mit sich selbst eins zu sein, es keinem recht zu machen, schon gar nicht ihrer Mutter. Folglich fiel sie von einem Extrem ins andere.

Nach der neunten Klasse schloss sie sich der Beatnik-Clique »Die Vogelfreien« an, fünf älteren Jungs, die Janis »als Junge« akzeptierten, und entwickelte ein zunehmend männliches, stoffeliges Verhalten. Jim Langdon war ein Musikkenner und passabler Posaunist, Adrian Haston, Dave Moriaty und Randy Tennant gehörten der Schülertheatergruppe »Little Theater« an, die von Grant Lyons' Mutter geleitet wurde. Janis betätigte sich als Kulissenmalerin und wirkte sogar in einem Musical namens ›Sunday Costs Five Pesos‹ mit. Weil die Jungs an der Schule anerkannt waren und Grant sogar ein hervorragender Footballspieler, wurde das Quintett für Janis zu einem Schutzschild. Doch gleichzeitig schürte diese Freundschaft unwahre Gerüchte über die sexuellen Aktivitäten der Clique, die auf ihren endlosen Autofahrten lieber über künstlerische Außenseiter diskutierte oder unter Alkoholeinfluss jugendliche Mutproben veranstaltete. Einmal kletterten sie die über 100 Meter hohe Rainbow Bridge über dem Sabine River hoch und riefen damit die Polizei auf den Plan. Janis' Freundin Patti Skaff erklärte später, die Jungs und Janis seien deshalb so gut miteinander ausge-

Sie hat sich einfach total verändert, über Nacht. Eine vollständige Abkehr von ihrem früheren Selbst.
Janis' Mutter Dorothy

Irgendwann begriffen wir, dass es recht lustig mit ihr war, denn sie konnte einen ganz hübschen Wirbel verursachen! Etwa zur Hälfte unserer Highschool-Zeit war sie bei uns sehr beliebt. Ich schäme mich, wenn ich daran denke, wie wir sie manchmal behandelt haben. Sie spielte bei uns die Rolle des Hofnarren.

Janis' Schulfreund Dave Moriaty

kommen, weil sie es genoss, die Leute zu schockieren, was ihr als Mädchen viel leichter gelang.

Nicht ganz so harmlos waren die regelmäßigen Ausflüge 20 Kilometer »über den Fluss« nach Louisiana, wo die Alkoholgesetze locker gehandhabt wurden und zahlreiche Musikkneipen existierten. Der Reiz des Verbotenen lockte die Teenager, weil in Texas erst an Einundzwanzigjährige Alkohol ausgeschenkt wurde und die Gruppe zudem für trinkfeste Schriftsteller wie Ernest Hemingway oder Jack Kerouac schwärmte. Janis meinte dazu nur: »Alles, was ich suchte, waren ein bisschen Freiheit und Leute, denen es genauso ging.« Diese Ausflüge wurden jedoch bald Anlass für Klatschgeschichten in Port Arthur, in denen es natürlich ausschließlich um Sex ging, wie immer, wenn brave Bürger unbrav dachten. Doch wer Janis damals kannte, ist überzeugt, dass Janis alles andere als frühreif, sondern eher ein Spätzünder gewesen sei und wie in vielen Dingen die »Erfahrene« nur gespielt habe. »Sie war vermutlich unschuldiger als neun Zehntel aller Mädchen, die mit ihr die Highschool absolvierten«, so Jack Smith, der damals heimlich in sie verliebt war. Doch das Ergebnis der ganzen engstirnigen Tratscherei war, dass Eltern ihre Kinder vor dem Umgang mit Janis warnten und das

Wenn Janis über die Stränge schlug, dann tat sie das gründlich. Wann hatte man schon einmal aus dem Mund einer Frau den Ausruf: »Well, fuck you, baby!« gehört? Das war sogar *uns* peinlich. Gleichzeitig nutzten wir das aus, wenn wir Leute schockieren wollten. Und genau deshalb nahmen wir Janis immer mit.

Janis' Schulfreund Jim Langdon

wohl Schlimmste passierte, was sich Dorothy vorstellen konnte: die gesellschaftliche Ächtung. Karleen meinte, Dorothy hätte ihre Tochter sogar als billiges Flittchen und Hure bezeichnet. Janis erzählte später, ihr Vater habe plötzlich aufgehört, mit ihr zu reden. Auf einmal wurde die jüngere, gefügige und hübsche Laura zur Lieblingstochter und Janis verbrachte mehr Zeit bei der Familie Bennett als zu Hause, weil Karleens Eltern viel nachsichtiger waren.

In Louisiana kam Janis erstmals mit dem Blues in Berührung, der auf Anhieb ihr musikalisches Interesse weckte. Unterwegs sang die Clique Folksongs vom Kingston Trio und Janis erkor die Sängerin Odetta zu ihrem Vorbild.

Rock 'n' Roll fanden sie fade und Country war die Musik der verhassten Spießer in Texas. Als Grant Lyons auf einer Party eine Platte von Leadbelly auflegte, sei seine Musik wie ein Blitz für sie gewesen, meinte Janis später, »sie bedeutete mir etwas«. Ihre Begeisterung für den Blues und die Schwarzen, denen sie sich in ihrer gesellschaftlichen Außenseiterrolle innerlich verbunden fühlte,

8   **Odetta Felious Holmes**, 1930 in Alabama geboren. Eine Opernkarriere blieb der stimmgewaltigen, klassisch ausgebildeten Vokalistin aufgrund der Hautfarbe verwehrt, aber das Repertoire der vielseitigen Folksängerin umfasst Negro-Songs, Kinder-, Weihnachts- und Rocklieder. Sie hat unter anderem Carly Simon, Tracy Chapman, Joan Armatrading beeinflusst, spielte die Hauptrolle in den Musicals ›Bessie Smith‹ und ›New Orleans‹ von Toni Morrison. Sie engagierte sich in der Bürgerrechtsbewegung, trat für Präsident John F.

Leadbelly (Huddie Ledbetter), wohl 1889 in Louisiana geboren, verstarb 1949 in New York. Der bedeutende Folk-Blues-Musiker kämpfte gegen Rassendiskriminierung, verfasste Evergreens wie ›Goodnight Irene‹, ›Midnight Special‹ und ›Rock Island Line‹. Der Farmersohn lebte als Wandervogel, brachte sich Akkordeon, Mandoline, Bass, Klavier und Gitarre bei, sang Sklaven- und Kirchenlieder und hinterließ an die 900 Songs. Nach einer Zuchthausstrafe wegen Totschlags wurde er begnadigt, machte in New York für den engagierten Bluesforscher Lomax Plattenaufnahmen und schuf ein Folkmusic-Zentrum. Pete Seeger, Woody Guthrie und viele Blues-Musiker bewunderten seinen vom Boogie-Piano beeinflussten Gitarrenstil. Der verarmte Musiker starb sechs Monate, bevor die Band The Weavers mit ›Goodnight Irene‹ einen Millionenhit landete.

führte so weit, dass sie den Slang der Schwarzen imitierte. Janis begann zu Schallplatten zu singen und entdeckte dabei ihre ungewöhnliche Fähigkeit, fast jede Stimme nachahmen zu können. »Man konnte sie nicht von der Originalaufnahme unterscheiden, so perfekt gelang ihr das«, so ihre Mutter. Trotzdem galt ihre damalige Liebe immer noch der Malerei und nicht dem Gesang.

Wie ungewöhnlich ihre Stimme tatsächlich war, wurde ihr erst bewusst, als die Clique in einem Leuchtturm eine Party feierte. Weil kein Plattenspieler zur Hand war, übernahm Janis zur Verblüffung aller die Alleinunterhaltung und sang zum Spaß ein Lied der Sängerin Odetta. In ihrem Buch ›Love, Janis‹ schreibt ihre Schwester Laura auch, dass Janis damals vor dem Spiegel ein ganz bestimmtes höhnisches, provokantes Lachen einübte, das zu einem ihrer Markenzeichen werden sollte und in vielen

Kennedy auf, wurde mit einem
Ehrendoktor und 1999 von Bill
Clinton mit dem kulturellen
Staatsorden ausgezeichnet.

Interviews und Bühnenansagen zu hören ist. Weil in der Schule Hosen für Mädchen verboten waren (!), schockte sie mit schwarzen oder lila Bodystockings und mehr als kniekurzen Röcken. Und das ausgerechnet im Jahr 1959, in dem die neu erfundene Barbie-Puppe das absolute Schönheitsideal aller eitlen Südstaatenschönheiten an Janis' Schule darstellte. Janis entschloss sich zum Anderssein in einer Zeit, in der alle Teenager gleich sein wollten, den Rock 'n' Roll und das Tanzen entdeckten, während sie systematisch mit allen Regeln brach. Ihr Vater meinte, Janis wollte offenbar herausfinden, was den Leuten absolut nicht gefiel, und hätte dann genau das getan.

1959 veränderte sich Janis' Leben an der Schule radikal, weil einige der älteren Jungs aus der Clique und Arlene Elster zum Lamar College nach Beaumont abwanderten und ihr Schutzschild zusammenbrach. Es ging so weit, dass die Leute vor ihr ausspuckten und sie zur »Schulschlampe« abstempelten. »Janis lachte darüber, um zu zeigen, dass sie auch Spaß verstand«, so Karleen, »aber wenn sie nach Hause kam, weinte sie.« Das Abschlussjahr wurde für Janis ganz besonders schwierig, denn es begann eine regelrechte Hetzjagd auf sie. Als ihre Mutter sie in einen Zeichenkurs schickte und sich herausstellte, dass Janis das einzige Mädchen in der Klasse war, kochte die Gerüchteküche über. »Ich erkannte damals nicht, dass ich sie in eine schwierige Situation brachte, denn es hieß plötzlich, dass sie den Jungen nachlaufe und so weiter. Das verletzte sie zutiefst«, so ihre Mutter. Schließlich wurde Janis sogar zum Schulberater zitiert, wo sie sich gegen die Vorwürfe »Trinken und ungehöriges Benehmen«

Country & Western, der »Blues der Weißen«, hat seine Ursprünge in der Volksmusik der amerikanischen Farmer, Cowboys, Arbeiter, aber auch der Armen der Großstädte. Kommerziell vermarktet und zur volkstümlichen Musik wurde er durch den gesteuerten Starkult der seit 1927 bestehenden Radioshow aus der Grand Ole Op'ry in Nashville, Tennessee. Gegen die Hochburg erzkonservativer, oft rassistischer Tendenzen rebellierten immer wieder Künstler wie Johnny Cash, Hank Williams, Willie Nelson, Merle Haggard, Kris Kristofferson, K. D. Lang oder Lyle Lovett.

zu verteidigen hatte. Ihre Eltern waren derart verzwei-felt, dass sie ihre Tochter zu einem Psychologen schick-ten, in jener Zeit ein glattes Eingeständnis, geisteskrank zu sein.

Im neu eröffneten Jazz-Café The Sage fand Janis ein paar Gleichgesinnte. Dort fand Silvester 1959 für sie eine Doppelpremiere statt. Sie eröffnete die erste Ausstellung mit ihren Bildern und entschloss sich zu einem spontanen Auftritt als Sängerin. Im Abschlussjahr hatte sie hervor-ragende Zensuren, schränkte deshalb ihren Schulbesuch ein und jobte als Serviererin und Kartenverkäuferin in einem Kino. Abends besuchte sie häufiger das Pasea's Café, einen neuen Treffpunkt der wenigen Beatniks in Port Ar-thur. Auch dort hingen inzwischen ihre Bilder an der Wand, von denen sie ab und an eines verkaufte.

Im Mai 1960 machte sie ihren Schulabschluss. Während der Abschlussball stattfand, kurvte sie mit Karleen im Auto durch die Gegend. Das politische Klima hatte sich in den USA inzwi-schen radikal verändert. John F. Kennedy war der neue Präsident, aber die Kubakrise und der Viet-namkrieg trübten den Hei-ligenschein des politischen Hoffnungsträgers. Im Lone-Star-Staat Texas spielte die neue Politik, voran die Ras-

9   Das offizielle Bild zum Schulabschluss

senintegration, keine Rolle, folglich auch nicht am Lamar State College im nahe gelegenen Beaumont, an dem sich Janis im Sommer 1960 einschrieb. Janis bezog im Mädchenwohnheim ein Zimmer und begegnete Jim Langdon und Adrian Haston wieder. Die Clique hatte sich um ein paar Freunde vergrößert: Tary Owens gehörte dazu, Johnny Moyer und die Brüder Wally und Tommy Stopher. Janis war von dessen künstlerischem Talent so beeindruckt, dass sie bald darauf die Malerei völlig aufgab. Tary Owens: »Wenn sie bei irgendetwas nicht die Beste der Welt sein konnte, dann ließ sie es ganz bleiben.« Die Eltern waren erleichtert, Janis zwar in ihrer Nähe zu wissen, das Problemkind aber aus dem Haus zu haben. Ihrer Schwester Laura nach feierte Janis in Lamar vor allem wüste Partys. Ihr Hauptfach war Kunst und ihr Interesse galt insbesondere dem Maler Amadeo Modigliani. Doch auch an diesem Provinzcollege war das Klima kunstfeindlich, hier wurden zukünftige Ingenieure ausgebildet, Janis abermals angefeindet und verspottet. Beaumont war nur eine Fortsetzung von Port Arthur. Oder, um mit Dave Moriaty zu sprechen, der an der Universität in Austin studierte – am Lamar war man Port Arthur noch längst nicht entkommen, im Gegenteil, man nahm es mit. Vielleicht brach Janis deshalb zu Ende des Wintersemesters ihr Studium ab und kehrte nach Port Arthur zurück. Damit begann ihr fünfjähriger Zickzackkurs zwischen der bürgerlichen Welt von Port Arthur und einem Boheme-Leben in den Großstädten Amerikas.

Anfang 1961 schrieb sie sich am Port Arthur Business College ein, einer Art höheren Wirtschaftsschule, um eine

Der aus Livorno in Italien stammende **Amadeo Modigliani** (1884–1920) lernte nach seinem Kunststudium in Paris auch Pablo Picasso kennen, fand seinen Stil aber im Kubismus mit Portraits und Körpern in Extremhaltung mit verdrehten Gliedmaßen. Sein Leben war durch Krankheit, Armut, Alkohol und Drogen bestimmt. Er starb nach einer Erkältungskrankheit am 25. Januar 1920 einen Tag vor seiner Frau.

Ausbildung als Datentypistin und Sekretärin zu machen. Pikanterweise unterrichtete dort auch ihre Mutter seit zwei Jahren. Die viermonatige Ausbildung absolvierte Janis ohne aufzufallen, wenn auch nur halbherzig – allein an 20 Tagen hatte sie sich krank gemeldet. Patti Skaff stellte ihr manchmal das teure Tonbandgerät ihres Vaters für Gesangsaufnahmen zur Verfügung, ansonsten zog Janis weiterhin mit ihrer alten Clique herum. Einer dieser alkoholreichen Ausflüge nach Houston endete mit einer Niereninfektion in einem Krankenhaus in Beaumont. Anschließend konsultierte Janis für kurze Zeit einen Psychiater in Port Arthur und eine Beratung bei einem Psychologen in Beaumont folgte. Freunde meinten, dass sie damals vielleicht einen Insulinschock erlitten hätte, sie selbst deutete später an, es habe sich um einen »Nervenzusammenbruch« gehandelt. Später erzählte sie Dr. Edmund Rothschild, den sie in New York wegen ihrer Suchtkrankheiten aufsuchte, sie sei damals bereits wegen Alkoholismus behandelt worden. »Sie schwänzte ihren Unterricht und hatte ein schlechtes Gewissen«, war alles, was Janis Mutter dazu einfiel.

Im Sommer 1961 hatte Janis ihr Sekretärinnen-Diplom in der Tasche und bestieg den nächsten Greyhound-Bus nach Los Angeles. Keiner weiß, ob es sich um eine Art »elterliche Verbannung« oder aber um eine »Flucht« von Janis aus dem Elternhaus handelte. Anfangs wohnte sie bei Tante Mimi und ihrem Mann, einem Hobbymaler mit einem eigenen Atelier im Gartenschuppen. Sie arbeitete bei der LA Telephone Company als Kartenlocherin. Dann zog sie in die Dreizimmerwohnung von Tante Barbara,

Wir hatten nun mal dieses frühreife Kind, das Ölgemälde verkaufte. Wir gehörten zwar nicht zur Handelskammer, aber wir leisteten ebenfalls unseren Beitrag für die Gemeinschaft. Wenn man in einer solchen Position ist und ein Kind hat, das plötzlich Schwierigkeiten macht, dann ist man sofort ein beliebtes Objekt für allen möglichen Klatsch und Tratsch.

Janis' Vater Seth

deren Tochter jedoch bald eifersüchtig auf Janis wurde. Dorothy nach hatte sich Janis schon mit ihrem ersten Gehaltsscheck ein hübsches Apartment in der Nähe ihrer Arbeitsstelle genommen, es dann aber nicht mehr bezahlen können. Im Herbst zog sie jedenfalls zur Missbilligung aller in eine Art Strandhaus in der heruntergekommenen Strandkolonie Venice, dem Beatnik-Viertel in Santa Monica, und nahm einen Job bei der Bank of America an. In dieser Zeit begann auch ihr reges Sexualleben mit Partnern beiderlei Geschlechts. Vermutlich kam sie damals auch erstmals mit Drogen in Berührung. Weil das legendäre Beatnik-Leben in Venice längst der Vergangenheit angehörte, trampte sie im Spätherbst 1961 nach San Francisco, dem gelobten Land der Kerouac-Jünger, aber auch hier war die Beatnik-Szene inzwischen tot. Der City Lights Book Shop, der Buchladen von Ferlinghetti, wurde zu ihrer Anlaufadresse. Wie lange ihr Aufenthalt an der Golden Gate Bridge dauerte, ist nicht bekannt, jedenfalls kehrte sie kurz vor Weihnachten wieder nach Port Arthur zurück.

Dort beeindruckte sie die provinziellen Freunde mit ihrem offenherzigen Benehmen und Beat-Slang sowie einer

Schaffelljacke, die sie stolz zur Schau trug. Vermutlich hatte Janis mächtig auf die Pauke gehauen, um die texanischen Spießer zu schockieren, was ihr spielend gelang. Sie selbst meinte später zu ihrem ersten Ausflug ins Beatnik-Milieu nur: »Ich traf dort Leute meinesgleichen.« Nach ein paar Tagen bei den Langdons überraschte sie die ahnungslosen Eltern mit ihrer plötzlichen Rückkehr. Am Silvesterabend 1961 fand ihr erster öffentlicher Auftritt als Sängerin in Beaumont vor einem desinteressierten Publikum statt, das mit ihrem Bessie-Smith-Stil absolut nichts anfangen konnte. Jim Langdon hatte sie zu diesem Auftritt in einem Privatclub überredet. Aber der Besitzer, der Jazzer Jimmy Simmons, holte sie von der Bühne, weil er ihren Gesang nicht mochte.

◄ 10   Janis Joplin, um 1961

Eine von den Jungs der Waller Creek Boys

Die erste Bühnenenttäuschung steckte Janis offenbar schnell weg, denn bereits im Januar 1962 trat sie im Folkclub Purple Onion in Houston auf. Und wenn Jim Langdon (der neben dem Sinfonieorchester in Beaumont auch diversen Tanzbands von Johnny und Edgar Winter angehörte) in einem Jazzclub spielte, holte er manchmal zum Schluss Janis für eine Version von ›Cherry Pie‹ auf die Bühne. Mit ihm machte sie auch ihre erste Plattenaufnahme, einen Werbespot für eine Bank in Nacogdoches in Texas. Tary Owens und Jim hatten dafür zur Melodie von Woody Guthries ›This Land Is Your Land‹ einen neuen Text verfasst. Allerdings wurde die Gesangsaufnahme nie verwendet.

Woody Guthrie (1912–1967), eigentlich Woodrow Wilson Guthrie aus Oklahoma, Wanderjahre als Plantagenarbeiter, überzeugter Sozialist und bekennender Kommunist, kämpfte für die Gründung der Gewerkschaften und wurde zum singenden Chronisten der dreißiger Jahre. Seine *Talking* und *Topical Songs* über aktuelle Ereignisse, wie etwa seine Anti-Hitler-Lieder, beeinflussten die Beatnik-Generation, Pete Seeger, Tom Paxton, Bob Dylan und lösten Anfang der Sechziger den Folkboom aus. Seine Autobiografie ›Bound for Glory‹ wurde verfilmt. Der Pionier der politischen Folkmusik und Vater von Arlo Guthrie hinterließ über 1000 Bücher, Essays, Aufnahmen und Songs wie ›Hard Traveling‹ und ›This Land Is Your Land‹, von denen viele erst in den sechziger Jahren veröffentlicht wurden.

Johnny und **Edgar Winter**, in Beaumont, Texas, aufgewachsen. Der 1944 geborene Bluesrockgitarrist Johnny spielte mit seinem jüngeren Bruder Edgar, Jahrgang 1956, anfangs in Schulbands wie It & Them, holte sich in Chicago bei Sessions den letzten Schliff. Ende der Sechziger war der Albino mit der schrillen Stimme, dem B.-B.-King-Stil mit Hardrockanleihen ein Superstar, dessen wechselhafte Karriere unter seiner Heroinsucht litt. Die Rolling Stones komponierten für ihn ›Silver Train‹, er arbeitete mit Muddy Waters und Dr. John.

> This bank is your bank
> This bank is my bank
> From Nacogdoches to the
>   Gulf Coast waters.
> Sixty years of savings
> Sixty years of earnings
> This bank was made for you
>   and me.
> *Werbetext von Tary Owens*
> *und Jim Langdon zur*
> *Melodie von Woody Guthries*
> *›This Land Is Your Land‹*

Im Frühjahr 1962 kehrte Janis ans Lamar College in Beaumont zurück, wohnte aber dieses Mal zu Hause. Es folgte wieder eine Phase der Anpassung ans bürgerliche Leben. Sie trug das Haar ordentlich hochgesteckt und jobbte in den Sommerferien als Serviererin in der Bowlingbahn. Nach Feierabend ging sie oft mit Jack Smith an den Strand oder zum Tanzen. Seinen Schilderungen nach wollte sie damals unbedingt als Dame behandelt werden und zerbrach sich den Kopf darüber, was sich schickte und was nicht. Doch von einem Tag auf den anderen schlug alles ins Gegenteil um und die alte, verdrängte Janis kam wieder zum Vorschein. Statt Bier trank sie Whisky, der Bourbon wurde ihr Begleiter. Todesmutig rauschte sie mit 120 Sachen in den Nebel am Strand, sorgte für hitzige Schmusereien und Wortgefechte. Der sensible Jack, der Gedichte schrieb und malte, konnte damit nicht mehr umgehen. »Es war eine phänomenale Energie, die befriedigt werden musste, und irgendeine Spannung, die sie nicht abbauen konnte.«

Sie nahm die wilden Ausflüge mit ihrer Jungenclique über die Grenze nach Louisiana wieder auf. War es für anständige Jungs schon ungebührlich, so gehörte es sich natürlich für ein Mädchen erst recht nicht, sich in Spelunken wie Lou Ann, Big Oak oder Buster's zu besaufen. Ja-

Edgar Winter – Keyboards, Electronics und Saxophon – gründete 1970 White Trash, hatte 1973 mit ›Frankenstein‹ und ›Free Ride‹ zwei Top-10-Hits, blieb jedoch der Antistar mit Crossover-Ambitionen, von Jazzrock bis New Age. ›Billboard‹ bezeichnete seine LP ›Roadwork‹ von 1972 als »beste Live-Aufnahme der Rockgeschichte«.

nis ließ sich von den harten Burschen dort aushal-
ten und wenn die Lage
brenzlig wurde, mussten
die Jungs aus der Clique
den Kopf hinhalten. »Wir
mussten immer zu viert
oder fünft sein, um über-
haupt wieder lebend raus-
zukommen«, so Langdon.
Bei einem Sonntagabend-
ausflug mit Janis und ihrer
Freundin Patty Skaff überschlug sich das Auto auf
dem Rückweg dreimal und

blieb schließlich im Straßengraben liegen. Wie durch ein
Wunder kamen alle Insassen heil davon. Ein andermal
fuhren Jack Smith und Janis auf dem Heimweg einfach
weiter bis Austin und landeten gegen fünf Uhr morgens
vor einem heruntergekommenen Wohnblock, genannt
The Ghetto. Als sie drinnen einen jungen Mann entdeckten, der auf dem Kühlschrank sein Banjo spielte – es war
der Folkie John Clay –, rief Janis begeistert: »Das gefällt
mir! Ich liebe es! Hier bleibe ich!« Zu Hause gab es ein
Riesendonnerwetter, weil Janis die Fahrt mit dem Auto
ihres Vaters unternommen hatte. Die genervten Eltern gaben sofort ihre Zustimmung, als Janis ihnen den Plan un-
terbreitete, ab sofort in Austin zu studieren.

Im Sommer 1962 schrieb sie sich an der University of
Texas in Austin für das Fach Malerei und schöne Künste

11 Janis Joplin, um 1962

ein. Eigentlich war die Hauptstadt von Texas am Colorado River nicht minder provinziell und schon damals das Technologiezentrum Amerikas, also auch kein Ort für künstlerisch Begabte oder Unangepasste wie Janis. In der Country-Hochburg war in den sechziger Jahren Jazz, Folk und später auch Rock verpönt und bei Männern galt sogar ein Bärtchen als unanständig. Als Studienanfängerin durfte Janis außerdem nicht im Ghetto wohnen. Die Eltern zahlten die Miete in einer ordentlichen Studentenpension für Mädchen unter der Aufsicht einer Hausmutter Ecke Nineteenth und Nueces Street. Damals war der Campus von so genannten »Bubbleheads«, Mädchen mit überdimensionalen Hochfrisuren, auch »Bienenkörbe« genannt, und Sportlern bevölkert, die Studentenverbindungen angehörten und selbstverständlich für die Rassentrennung waren.

Doch Janis hatte ihre Clique wieder, die im Ghetto wohnte, jenem vergammelten Apartmentkomplex in der Nueces Street 2812 ½ unweit der Universität. Zum engen Freundeskreis gehörten der Musiker Powell St. John, Jim Langdon, die Stopher-Brüder, John Clay, Julie Paul und kurzfristig auch Jack Smith. Zum harten Kern zählte zudem der Karikaturist und Cartoonist Robert Shelton, der mit Dave Moriaty die preisgekrönte satirische Campus-Zeitschrift ›Texas Ranger‹ herausgab, die es bald auf die unglaubliche Auflage von 25 000 Exemplaren brachte. Geschichten wie ›Wie man sich in Dallas betrinkt‹ trafen den Geschmack der Studenten. Noch heute ist in Texas Kampftrinken ein beliebter Sport. Man feierte ununterbrochen Partys, die Beatnik-Dichter Kerouac und Allen Ginsberg waren ebenso Vorbilder wie die Kleiderordnung der Fol-

An der Universität von Texas gab es zweifelsohne einen Generationsunterschied, aber nicht den, von dem man heute spricht. Leute wie Janis und ich haben die Werte unserer eigenen Generation abgelehnt.

Janis' Studienkollege John Clay

kies aus Greenwich Village, New York. Die Zimmer kosteten 35 Dollar Monatsmiete und waren Treffpunkt, Liebesnest, Absteige und Durchgangslager für die Freunde aus Port Arthur und Beaumont. Viele aus dieser Clique zogen später nach San Francisco, gaben Underground-Magazine heraus, arbeiteten als Poster-Künstler oder Musiker.

Für die Normalos auf dem Campus war Janis auch hier schon rein äußerlich eine Provokation. Sie trug lose Herrenhemden, Jeans, viel Schwarz und meist als Markenzeichen eine alte Bomberjacke, das Lammfell wegen der texanischen Hitze nach außen, die Ärmel abgetrennt. Sie ging meist barfuß und verzichtete skandalöserweise auf einen BH, was man vor der Erfindung der Pille und der freien Liebe auch in weniger prüden und hinterwäldlerischen Gegenden vulgär fand. Sie galt als streitsüchtig und mit dem ständigen Gebrauch des Wortes »fucking«, noch heute trotz Pop-Slang nicht gesellschaftsfähig, stieß sie alle vor den Kopf. Sie selbst bezeichnete sich im Beatnik-Slang als ein »jive chick«, also als coole Braut mit losem Mundwerk, die andere verarscht. Und damit brachte sie sich und ihre Freunde nicht selten in arge Schwierigkeiten.

12   Dave Moriaty 1969 in San Francisco

Eines Tages hörte Ramsey Wiggins aus dem Nachbarzimmer eine klare, kräftige Altstimme und hielt es für eine Schallplatte. Aber es war Janis, die oft für sich allein neue Lieder einstudierte. Geistesgegenwärtig schaltete irgendwann einmal Jack Jackson das Tonband an und zeichnete ›I'll Drown in My Own Tears‹ auf, das später auf dem Album ›Janis‹ veröffentlicht wurde. »Aber sie haben Janis' Lachen und die Hintergrundgeräusche mit einer künstlichen Clubatmosphäre überspielt.« Auch Powell St. John, der Mundharmonika spielte und für die Band 13th Floor Elevators schrieb, sowie Bassist Lanny Wiggins waren von ihrer Stimme hingerissen. Die beiden hatten ein Folk-Duo, die Waller Creek Boys, und Janis schloss sich ihnen als Sängerin an. »Ich bin halt eine von den Jungs«, erklärte sie, obwohl sie sich danach bisweilen auch The Waller Creek Boys Plus One nannten. Schon bald trat das Trio regelmäßig bei den neu installierten Folktreffs an der Uni von Austin sonntagnachmittags im Union Building auf. Die aufblühende Musikszene von Austin ging sozusagen Hand in Hand mit dem Karrierebeginn von Janis als Sängerin. Sie arbeitete unermüdlich an ihrer Stimme, an jeder Phrasierung, den Übergängen von einem Akkord zum anderen, lehnte jedoch eine Gesangsausbildung ab: »Die wollen doch nur, dass ich anders singe.« Eine kuriose Parallele zu ihrer Mutter, die einst das Opernstudium abbrach, weil sie lieber Broadway-Melodien sang.

Mit Janis' schmetternder Version von Woody Guthries ›This Land Is Your Land‹ gewannen die Waller Creek Boys als beste Gesangstruppe einen lokalen Wettbewerb. Travis Rivers ermutigte Janis, auch eigene Songs zu schreiben,

Niemand wusste, was man von ihr halten sollte! Man hatte keine Gelegenheit, sich darüber klar zu werden. Wir nahmen es einfach so, wie es kam, glaube ich. Ich meine, es war schon toll! Es war unheimlich cool! Denn es war so verdammt neu!

Powell St. John von den Waller Creek Boys

die sie manchmal bei den
so genannten *Hootenannies*,
den spontanen Folk-Sessions
an der Uni, vortrug.

Weil sie kein Instrument
beherrschte, kam sie auf die
Idee, sich auf einer Autoharp, einer griffbrettlosen
Akkordzither, zu begleiten.
Obwohl eher für zarte Tö-
ne gebaut, ging Janis damit
ziemlich ruppig zur Sache.
Sie widmete sich nun ganz
der Musik und wandte sich
immer mehr von der Male-
rei und Kunst ab. Sie nann-
te es ihr Coming-out, weil sie sich durch die Musik »nach
außen« gewandt hätte, während die Malerei eher ein in-
nerer Vorgang war. Am 27. Juli erschien in der Schülerzeitung ›The Summer Texan‹ ein Artikel über Janis mit
der Überschrift: »Sie wagt es, anders zu sein!« Mit ebenso
großem Staunen wie Entsetzen portraitierte eine Kommi-
litonin Janis so: »Sie geht barfuß, wenn ihr danach ist,
trägt Levi's im Seminar, weil sie bequemer sind, … und
macht sich nicht die Mühe, jede Woche zum Friseur zu
gehen, … und wenn sie Lust hat zu singen, dann singt sie
mit einer vibrierenden Altstimme …«

An den Mittwochabenden traten die Waller Creek Boys
oft in der zur Musikkneipe umgebauten Tankstelle Threadgill's auf. Seit 1946 stellte der Countrysänger Ken Thread-

13   Travis Rivers

gill seinen Laden jungen Musikern zur Verfügung, die mitten im Publikum standen, weil es keine Bühne gab, und für ihren Auftritt ein paar Biere bekamen. Ken hatte nach der Prohibition als einer der Ersten eine Lizenz für Alkoholausschank bekommen. Für Janis wurde er eine Art Vaterersatz. Damals sang sie mit hoher, klarer Stimme Bluegrass und Folk, hin und wieder auch Bessie-Smith-Blues und Country-Balladen im Stil von Jean Richie oder Rosie Maddox. Meistens wurde unplugged gespielt, also ohne Mikrofonverstärkung. Obwohl sie schüchtern und unsicher wirkte, fiel allen auf, dass Janis unbedingt die »Beste« sein wollte, etwas »Besonderes«, oder wie sie meinte, »jedenfalls keine Joan Baez für Arme«. Als in Austin ein Mädchen mit einer Stimme wie Joan Baez auftrat, war Janis drauf und dran, wie schon zuvor die Malerei auch die Singerei an den Nagel zu hängen. Doch inzwischen war sie bereits die Hauptattraktion im Threadgill's.

Janis führte im Ghetto auch das Marihuana ein. Während es damals in vielen US-Staaten bereits mit hohen Gefängnisstrafen geahndet wurde, war die Kaktuspflanze Peyote mit dem Wirkstoff Meskalin für zehn Cent in jedem Garten-Center erhältlich und erfreute sich unter den Studenten großer Beliebtheit. Allerdings hatte Janis schon damals wenig für psychedelische Drogen übrig, sie war nur an beruhigenden oder aufputschenden Substanzen interessiert, also einerseits Alkohol, andererseits Speed, eine Aufputschdroge der Beatniks. Ironischerweise war es damals auch die legale Alltagsdroge der konservativen Studenten und wurde sogar vom staatlichen Gesundheitsdienst an der Uni für anstehende Examina kostenlos

Bluegrass ist eine akustische Country-&-Western-Spielart mit Mandoline, Banjo, Gitarre, Kontrabass und Geige und ist vor allem in den Appalachen verbreitet. Einige der populärsten Musiker sind Bill Monroe, Lester Flatt und Earl Scruggs.

Bessie »Mae« Smith (1895–1937) wurde in Tennessee geboren und war die bedeutendste Sängerin des klassischen Blues. Nach Auftritten in Clubs, Minstrelshows und Vaudevilletheatern begann 1923 ihre erfolgreiche Plattenkarriere in New York, unter anderen mit Louis Armstrong und Benny Goodman. Eigenkompositionen wie ›Jail House Blues‹ und ›Empty Bed Blues‹, die sie mit tiefer, ausdrucksstarker Stimme sang, machten aus ihr einen schwarzen Plattenstar mit Millionenauflagen. Sie trat auch im Film ›St. Louis Blues‹ auf. 1929 beendete die Weltwirtschaftskrise ihre Karriere abrupt und verstärkte ihre Alkoholsucht. Sie starb bei einem Autounfall, wobei sich bis heute das Gerücht hält, die Krankenhäuser hätten in Zeiten des Rassismus die schwarze Sängerin abgewiesen. Sie hatte viele lesbische Affairen, gab sich privat zotig und derb und trug bunte Federn im Haar, was Janis Joplin von ihr übernahm. 1971 entdeckte sie nach der Wiederveröffentlichung ihrer Alben auch das weiße Amerika.

verteilt. Ihren exzessiven Alkoholkonsum, den Bourbon und Southern Comfort, verband Janis mit der »texanischen Outlaw-Kultur« und ihrer eher männlichen Lebensweise. Ihre damalige Bettgenossin Julie Paul meinte, sie hätte auch jede Menge Seconal-Tabletten geschluckt. »Sie drehte dann völlig durch. Sie irrte nachts über die Straße und versuchte, überfahren zu werden, und rannte mit dem Kopf gegen Hauswände.« Ihrer Meinung nach litt Janis schon damals unter schweren Depressionen.

Ein weiterer Vorfall, der bis heute nicht zu klären ist, fand im Herbst 1962 statt, als Janis zum »hässlichsten

Joan Baez, 1941 in Staten Island, New York, geboren, 1959 beim Newport Jazz Festival entdeckt, wurde bald Galionsfigur der aktiven amerikanischen Linken. Ihre Friedenshymne ›We Shall Overcome‹ begleitete weltweit Ostermärsche. Die »Muse des Folksongs« gründete ein Institut für Gewaltlosigkeit, weigerte sich während des Vietnamkrieges, Steuern zu zahlen, wurde inhaftiert und von der US-Regierung bespitzelt. Die »moderne Jeanne d'Arc« gehörte neben Pete Seeger und Bob Dylan, den sie förderte, zu den einflussreichsten Erneuerern der traditionellen Folkmusic, trat beim Woodstock Festival auf und hatte in den Siebzigern Hits mit ›The Night They Drove Old Dixie Down‹, ›Let It Be‹ und ›Blowin' Away‹. ›In the Quiet Morning‹ mit Schwester Mimi Farina erinnerte stark an Janis Joplin.

Mann« des Campus gewählt wurde. Dieser Wettbewerb
wurde ausgerechnet vom ›Texas Ranger‹ durchgeführt,
war wahrscheinlich aber eher als Satire auf die zahlreichen
Schönheits- und Leistungswettbewerbe an der Uni gedacht. Ob Janis dabei die Täter- oder Opferrolle spielte,
ist strittig. Ihre späteren Aussagen dienten vor allem dazu,
in den Medien zu untermauern, wie sehr sie unter Texas
gelitten hatte. Manche Freunde meinen, sie hätte sich
selbst auf den Wahlzettel geschrieben, andere, es sei ein
Racheakt der Studentenverbindungen gewesen. Zu dieser
Zeit kam es auch nach einem Saufgelage mit der Clique
beim Mardi Gras (Karneval) in New Orleans zu einem so
heftigen Streit, dass ihre Freunde Janis ohne Geld und
Papiere einfach aus dem Auto warfen. Wie sie nach Hause

14   Die Waller Creek Boys, von
links nach rechts: Powell St.
John, Lanny Wiggins und Janis
Joplin

gekommen sei, erklärte sie dem naiven Travis Rivers so: »Ich hab das gemacht, was jedes Mädchen tun würde. Ich hab zwei Nummern geschoben.« Damals fing Janis an, mit ihrem regen Sexualleben anzugeben, wobei sie allerdings ihre lesbischen Beziehungen wie die zu Julie Paul nie an die große Glocke hängte. Alles in allem schien es, als seien ihre Beziehungen meist ungezwungener Natur gewesen und ihre Partner aus dem engsten Freundeskreis, wie Powell, mit dem sie eine kurze Sommeraffäre hatte, was natürlich den Eindruck verstärkte, sie würde buchstäblich hinter jedem her sein. Doch viele ihrer damaligen Partner erklärten, dass Janis sich unter den festen Pärchen an der Uni einsam vorgekommen sei, andererseits keine feste Bindung eingehen wollte. Travis Rivers dazu: »Es gab zwei Arten der Beziehung mit Janis: sexuell, was derb, ungesüßt, räuberisch und vergänglich war, und die Freundschaft, die dauerhaft war.« Laut ihrer Freundin Fredda Slote habe Janis ständig nach Liebe gesucht: »Ich weiß nichts über Janis' Mutter, aber es hat dich nachdenklich gemacht.«

Die Studentin Janis war nur selten präsent, aber dann konnte sie engagiert und brillant argumentieren. Ihre Klugheit brachte ihr sogar die Einladung zu einem Förderprogramm hoch begabter Studenten der Uni Texas ein. Doch sie absolvierte zwischen Sommer und Dezember 1962 nur ein Semester, bekam in Anthropologie und Psychologie eine Drei und zog für fünf weitere Fächer ihre Anmeldung zu den Prüfungen zurück. Obwohl sich die Ghetto-Clique als apolitisch verstand, als Außenseiter und nicht als Aktivisten, wurden etwa 68 Personen, »die Zelle«, wie sie

Auf dieses Kichern folgte das breiteste Grinsen der Welt. Ihre Augen haben sich weit geöffnet und sie hat ihre Arme ausgestreckt. »Gott, Jack, ist es nicht wunderbar?«, rief sie nach ihren Auftritten aus.

Janis' Studienfreund Jack Smith

Untersuchungsbeamte der Universität nannten, observiert, wie Tary Owens später erfuhr: »Ich habe immer gesagt, ›die Augen von Texas ruhen auf dir – jederzeit‹.«

Ende des Jahres beschloss Janis, Texas erneut zu verlassen, ihr Interesse am Studium war gleich null, die weiteren Chancen als Sängerin dort limitiert. Powell meinte, der Wettbewerb zum hässlichsten Mann hätte ihr den Rest gegeben, aber die meisten waren überzeugt, dass Karrieregründe ausschlaggebend waren. Tarys Erinnerung nach hatte sie sogar versucht, die Waller Creek Boys zu überreden, mit ihr nach San Francisco zu gehen. Ihre Studienfreundin Pepi Plowman brachte es auf den Punkt: »Janis hatte ein wahnsinniges Verlangen, berühmt zu werden. Sie wollte einfach jemand sein, weil sie immer mit solcher Geringschätzung betrachtet wurde.« Wie es der Zufall wollte, tauchte der ehemalige Austin-Student Chet Helms auf, der mittlerweile in San Francisco lebte und Abenteuerliches über die Szene in North Beach berichtete. Er sah einen Auftritt von Janis in Threadgill's Bar und war von ihrer rauen, explosiven Mischung aus Blues, Folk und Country hingerissen.

On the Road –
Von San Francisco bis New York

Ohne ihre Eltern zu informieren, machte sich Janis mit Chet Helms am 23. Januar 1963 nach San Francisco auf. Am Abend ihrer Abreise brachte sie ihrer Freundin Julie Paul noch eine Tonbandaufnahme mit einem Song vorbei, den sie geschrieben hatte: ›So Sad to Be Alone‹, der vom Gesang her stark an Joan Baez erinnerte und ganz und gar nicht zu ihrem Image als knallhartes Mädel passte. Auf der anstrengenden, fast fünfzigstündigen Tramp-Reise der beiden verhielt sich Janis erstaunlich anlehnungsbedürftig, mit Ausnahme eines unangenehmen Zwischenfalls ausgerechnet bei Helms Eltern, als sie dort in Fort Worth Halt machten. Das brave Elternpaar war von Janis' Aussehen und ihrer rüden Sprache so schockiert, dass sie den beiden eine Übernachtung verweigerten. Umso mehr erstaunte es Helms, wie belesen Janis war: »Sie hatte einen wunderbar wachen Geist. Anfangs hatte ich von alledem nichts bemerkt.«

Inzwischen hatte das Rotlichtmilieu das einstige Beatnik-Nest North Beach erobert. Doch Janis war begeistert, weil es keine Rassentrennung gab; schließlich hatte sie sich in Texas als ersten »weiß/schwarzen Menschen« bezeichnet. Anfangs kamen Janis und Chet bei David Freiberg, dem späteren Bassisten von Quicksilver Messenger Service unter. Sie trat als Straßenmusikerin auf und in

> Ich werde nie mit Sängerinnen wie Joan Baez oder Judy Collins konkurrieren können. Aber wer will das schon? Das ist Zuckerpapp, das will ich nicht.
>
> *Janis gegenüber dem*
> *Schulfreund Jack Smith*

obskuren Lokalen wie dem Coffee and Confusion oder Anxious Asp. Dabei begleitete sie sich auf der Autoharp oder fand einen musikalischen Begleiter aus dem Kreis der späteren San-Francisco-Bands wie Jorma Kaukonen, später Mitglied der Jefferson Airplane. Chet organisierte ein paar Auftritte in den Folk-Cafés, bei denen Janis auch Tim Hardin, Nick Gravenites, Jerry Garcia und den Songwriter Billy Roberts kennen lernte, der für Jimi Hendrix später den Hit ›Hey Joe‹ schrieb.

Die Coffee Gallery wurde zu Janis' zweitem Wohnzimmer und sie freundete sich mit der Bedienung Pat Nichols an, die alle nur »Sunshine« nannten. Sunshine hatte als Halbindianerin in Pasadena die Rassentrennung am eigenen Leibe zu spüren bekommen. Bald lief ihnen Linda Gravenites über den Weg, eine Ausreißerin aus gutem Republikaner-Haus in Los Angeles, wo man sie wegen ihrer Zugehörigkeit zu einer Bürgerrechtsbewegung und aufgrund ihrer Freundschaft mit Schwarzen von der Schule verwiesen hatte. Janis' beste Freundin war damals jedoch Linda Gottfried, die Tochter jüdischer Emigranten aus Osteuropa, ebenfalls in Los Angeles aufgewachsen. Sie zog in Janis' Kellerwohnung an der Sacramento Street. Das Quartett schweißte die Gewissheit zusammen, nicht in die Normen der bürgerlichen US-Gesellschaft zu passen, und ihre Freundschaft sollte trotz großer Turbulenzen bis zum Tod von Janis halten, was im Übrigen für fast alle ihre Freundschaften aus der Zeit vor ihrer Berühmtheit galt. Gemäß ihrer Beatnik-Einstellung schreckte Janis auch nicht vor Ladendiebstählen zurück und wurde am 2. Februar sogar verhaftet. Chet Helms, von dem sich Ja-

Quicksilver Messenger Service, 1965 in San Francisco entstanden, bestimmte mit The Grateful Dead und Jefferson Airplane den aufblühenden Westcoastsound. Die Rockkommune spielte ihre langen, fließenden Improvisationen meist bei kostenlosen Park- und Open-Air-Veranstaltungen und veröffentlichte erst 1968 ein instrumentales Debütalbum; die zweite LP ›Happy Trails‹ mit Gitarrenduellen zwischen John Cipollina und Gary Duncan wurde Kult. Die Band existierte trotz vieler Besetzungswechsel, Todesfälle und erfolgloser Comebackversuche bis 1996.

nis im Frühjahr trennte,
meinte zu den Zeiten von
Antikommerz und gesell-
schaftlichem Protest lakonisch: »Jeder von uns hat
mal bei Safeway ein Steak
geklaut und eine Verhaf-
tung war damals wie eine
Auszeichnung.«

Zeitweilig hatte Janis mit
der schwarzen Musikerin
Jae Whitaker ein Verhältnis
und lebte mit ihr zusam-
men. Ab und zu jobte sie
bei einer Telefongesellschaft, aber eigentlich »lebte sie von
der Fürsorge«, so ihr Vater, »von der Arbeitslosenunter-
stützung, aber was heißt das schon, wenn man eigentlich
niemals richtig arbeitet«. Doch Janis fühlte sich befreit,
denn sie lebte in einer Umgebung, in der alle Außenseiter
waren und Unangepasste, wo es keine Spielregeln, Le-
bensentwürfe, Kleiderordnung und keinen Moralkodex
gab. Sie trank Unmengen von Red Mountain Bourbon
und lungerte oft mit den Pennern auf der Straße herum.
Damals nahm sie offenbar schon regelmäßig Speed und Julie Paul behauptet, Janis hätte auch bereits Heroin konsu-
miert, wenn sie sie übers Wochenende besuchte.

Speed war eine legale Droge, über deren Konsum sich
Janis keine Gedanken machte. Die Gründe für den über-
mäßigen Konsum, zu dem sich auch noch exzessiver Alkoholgenuss gesellte, waren vielfältig und wie bei vielen

15   Linda Gottfried

Kreativen jener Zeit eine Psychofalle. Die amerikanische Gesellschaft war geprägt vom blinden Glauben an die Wissenschaft und deren Pharmaprodukte, mit denen der Mensch seine Probleme wegschlucken oder wegdrücken konnte, die eben durch dieses leistungsorientierte System entstanden. Menschen wie Janis, die sich gegen die Gesellschaftsordnung stellten, mussten sich jedoch im selben Maße auf ihrem künstlerischen Weg und in dem selbst gewählten Außenseitertum bewähren und gerieten so unter Druck und in den Teufelskreis unverträglicher Mixturen, deren gefährliches Zusammenspiel damals noch nicht bekannt war. Hinzu kam aber auch der kollektive Druck innerhalb einer kleinen, eingeschworenen Gemeinde, in der man mit einer ablehnenden Haltung Drogen gegenüber bereits wieder zum Außenseiter wurde. Und Janis

16   Jae Whittaker

wollte ja seit ihrer Schulzeit in Texas nie wirklich etwas anderes, als dazugehören.

Zum ersten Mal erlebte Janis, dass sie mit ihrem Gesang echte Begeisterung auslösen konnte, und begann, sich intensiv mit ihren musikalischen Vorbildern auseinander zu setzen, zu denen inzwischen auch die Jazz-Sängerin Billie Holiday zählte. Der musikalischen Studien wegen besuchte sie mit Linda auch oft den sonntäglichen Gospel-Gottesdienst. Allmählich machte die Nachricht über die ungewöhnliche Sängerin aus Texas die Runde, die hin und wieder mit Peter Albin und James Gurley auftrat, den späteren Gründungsmitgliedern von Big Brother & The Holding Company. Ihre Drei-Oktav-Stimme beeindruckte auch Leute wie John Phillips, David Crosby und Bill Graham. »Es kam so weit, dass andere Sängerinnen nicht singen wollten, wenn sie bei den Folk-Abenden auftauchte«, erklärte Linda Gottfried.

Janis probierte auf ihrer Suche nach einer künstlerischen Identität praktisch alles aus und übte als Autodidaktin auch ein paar Gitarrenakkorde ein. Im Sommer 1963 nahm sie am Monterey Folk Festival teil, wenn auch nur im Rahmenprogramm der Nachwuchskünstler. Immerhin erregte sie die Aufmerksamkeit der Plattenfirma RCA Victor aus Los Angeles, ein Vertrag kam allerdings wegen ihrer chaotischen Lebensumstände nicht zustande.

Es hatte ganz den Anschein, als würde Janis in diesem Jahr alle Chancen, die sich boten, selbst sabotieren, viel-

Billie Holiday (1915–1959) wurde als Eleonora Fagan im Ghetto von Baltimore geboren. Nach einer traumatischen Jugend mit Vergewaltigung und Fürsorgeheim wurde sie in New York Callgirl und landete im Gefängnis. Sie begann aus der Not heraus in Bars zu singen, nahm 1933 mit Benny Goodman ihre erste Platte auf, tourte mit Count Basie und Artie Shaw durch die Staaten. Legendär wurde ihr Song ›Strange Fruit‹ über die Lynchjustiz in den Südstaaten und ihre Autobiografie ›Lady Sings the Blues‹. Bis 1944 war die schwarze Sängerin mit der weißen Gardenie im Haar die Attraktion aller In-Clubs in New York, ging aber an Drogen und destruktiven Männerbeziehungen zugrunde.

leicht aus Angst vor der eigenen Courage und der endgültigen Entscheidung für eine Gesangskarriere. Zuerst stürzte sie nach einem Streit im Suff von ihrer Vespa und verletzte sich schwer an den Beinen. Kurz darauf wurde sie bei einem Überfall von einer Bande mit Drogen vollgepumpter Jugendlicher auf brutale Weise misshandelt. Dieses einschneidende Erlebnis bestärkte nur ihre Einstellung, dass sie als gedemütigte Frau und Opfer der Männergesellschaft derartige Verletzungen künstlerisch verarbeiten musste.

Entgegen manch landläufiger Meinung war Janis weder politisch noch direkt der Frauenbewegung zugetan, ihre emanzipatorischen Neigungen beschränkten sich einzig und allein auf sich selbst und ihren Konflikt zwischen Bürgerlichkeit, ist gleich Geborgenheit, und Boheme, ist gleich Abenteuer. Trotzdem ist es verwunderlich, dass die politischen Ereignisse, die Amerika und den Rest der Welt veränderten, mehr oder minder spurlos an ihr vorübergingen. Denn immerhin ging es um die zentralen Themen ihres Lebens – ihre Identifikation mit den Problemen der Schwarzen und ihren Hass auf das chauvinistische Texas. Im August 1963 hielt beim Marsch aufs Pentagon in Washington der Schwarzenführer Martin Luther King – seine berühmte Rede »I Have a Dream«. Und am 22. November 1963 wurde John F. Kennedy in Dallas, Texas ermordet. Ausgerechnet der Texaner Lyndon B. Johnson wurde sein Nachfolger im Oval Office und paukte erstaunlicherweise etliche umstrittene Rassengesetze durch, obwohl er als Kriegstreiber im eskalierenden Vietnamkrieg galt.

John F. Kennedy (1917–1963), 1953–1960 Senator von Massachussetts, trat er für die Politik der *New Frontier* ein und wurde 1960 zum amerikanischen Präsidenten gewählt. Er bemühte sich um einen friedlichen Ausgleich mit dem Ostblock, forcierte das Weltraumprogramm und kämpfte gegen die Rassentrennung in den USA. Der Hoffnungsträger der jungen Generation fiel am 22. November 1963 in Dallas, Texas, einem Attentat zum Opfer.

Was es mit einer langen, mühevollen und sicher auch nicht billigen Reise nach New York Ende des Jahres auf sich hatte, ist nicht ganz klar. Ob Janis diesen Trip ganz im Sinne der Rucksacktouristin à la Kerouacs ›On the Road‹ bewältigte und was sie dorthin trieb, lässt sich auch nicht durch das Buch ihrer Schwester Laura klären. Wie meinte Chet Helms? »›Searchin'‹ war damals ihr Lieblingssong.« Klar ist nur, dass sie zu Weihnachten 1963 wieder einen ihrer sporadischen Abstecher nach Port Arthur zu ihrer Familie machte und irgendwann nach San Francisco zurückkehrte. Dort hat sie offenbar bis zum Sommer ein bürgerliches Leben als Locherin geführt und genug Geld zusammengespart, um sich einen gebrauchten gelben Morris Minor zu kaufen. Mit etwas Kapital in der Tasche brach sie im Sommer 1964 mit der Freundin Linda Poole erneut nach New York auf.

In New York lebten sie in einem verlausten Apartment in der Lower East Side über einer Bar, in der sie bereits um sechs Uhr morgens die ersten Gäste waren. Alkohol und Drogen bestimmten den gesamten Alltag, ansonsten hielt sich Janis mit Billard spielen über Wasser, schrieb aber den Eltern, sie

17   Chet Helms

würde als Datentypistin arbeiten und bisweilen in einem kleinen Club namens Slug's auftreten und ernsthaft an ihrer Gesangskarriere arbeiten. Dazu hätte sie sich eine Gitarre besorgt. Ihre Mutter schickte daraufhin ein paar teure, ausgefallene Bühnenkleider, die sie jedoch Janice schenkte, weil sie ihr zu bunt und auffällig waren. Sie trug damals ausschließlich schwarze Jeans, schwarze Pullis und eine große Taschenuhr an einer Goldkette. Doch es gibt keinerlei Beweise für eventuelle musikalische Aktivitäten in New York. Vielmehr macht sich das Ehepaar Janice und Edward Knoll noch heute Vorwürfe, weil sie Janis dazu verführt hatten, das Speed zu spritzen, das sie bislang nur als Pillen schluckte.

Nach vier Monaten tauchte sie auf dem Rückweg nach San Francisco wieder unangemeldet zu Hause in Port Arthur auf. Ihrer damals fünfzehnjährigen Schwester Laura blieb lediglich in Erinnerung, dass Janis ihr eine alte, ramponierte sechssaitige Gitarre schenkte. Zurück in San Francisco lebte sie offenbar in einem so furchtbaren Loch in der Geary Street, dass Arlene Elster bei einem Besuch entsetzt war. Später zog Janis mit Linda Gottfried in eine Kellerwohnung in der Baker Street. Weil sich ihr Vater inzwischen große Sorgen machte, beschloss er, seine Tochter zu besuchen, für die er ob seiner eigenen Lebensenttäuschung nach wie vor große Sympathie hegte, um die er aber auch Angst hatte. Seiner Aussage nach sei sie damals sehr niedergeschlagen gewesen, aber auch er hatte keinen Trost parat. Nur seinen Lieblingsausdruck vom großen »Samstag-Abend-Schwindel«, dem Tag, an dem man sich angeblich von den drückenden Sorgen des Berufsalltags be-

Hab' die Nacht in Reno verbracht – leider war das Nugget voll, und so musste ich auf dem Rücksitz meines Autos auf einer Royal-Tankstelle schlafen –, aber trotzdem – eine Nacht in Reno! Habe 60 Cents am Spielautomaten verloren – puuh. Mittags in San Francisco. Brief folgt hoffentlich bald.

September 1964

SEUFZ!!! – Do, 10.30, September 1964

Janis' Postkarten von unterwegs an ihre Familie

freien könne, was ein Trugschluss sei. Der ebenso besorgte wie ratlose Vater riet den beiden Freudinnen lediglich zur Lektüre seines Allheilmittels, des ›Time Magazine‹. Linda fand ihn wunderbar, er hätte seine Tochter verstanden und hoffte, »sie würde im wirklichen Leben zurechtkommen«.

Das ›Time Magazine‹ war jedoch kein taugliches Gegengift, wenn es um Janis' Besorgnis erregenden Speed-Konsum ging. Längst waren sie und Linda von dem Zeug abhängig. Janis fing zu dealen an, um sich den nächsten Schuss leisten zu können, aber auch, um Anerkennung in der Szene zu finden. Und weil sie die Nebenwirkungen von Speed längst nicht mehr in den Griff bekamen, wie Ruhe- und Schlaflosigkeit, griffen sie zur Gegendroge Heroin. Im Spätherbst des Jahres war Janis derart abgerutscht, dass sie mehr oder minder auf der Straße und in den Parks lebte, sich bei der Heilsarmee durchfutterte und sich damit eine weitere, große Karrierechance vermasselte. Die damals überaus erfolgreiche und elegante Folk-Band The Charlatans war zwar von ihrer Stimme begeistert, nicht aber von ihrem abgerissenen Äußeren und lehnte sie als Sängerin ab, was ihr später sehr leid tat. Doch mit ihrer narbigen, unreinen Haut und dem massigen Körper wirkte Janis in der Tat sehr reizlos.

»Ich glaube, dass sie nur jemanden suchte, den sie lieben konnte, aber es lag nicht in ihrer Natur, zufrieden oder glücklich zu sein«, erklärte Powell St. John. Mit der heterosexuellen Linda lief nichts, aber die Beziehung mit Jae Whitaker dauerte bis 1964. Damals begann Janis auch mit einer höchst peinlichen, brüskierenden Gewohnheit für ihre wechselnden Sexualpartner, indem sie sich öffent-

Janis wollte einfach nicht erkennen, dass etwas in ihr steckte, was viele andere Mädchen eben nicht hatten.
Janis' Freundin Sunshine

lich bei jedermann – später meist auf der Bühne – beklagte, dass niemand mit ihr schlafen wolle. Ungeklärt bleibt
auch der Beginn der mysteriösesten Liebesbeziehung von
Janis zu einem galanten Windhund, der sich als smarter
Drogendealer herausstellte. Ob sie diesen John X oder wie
immer er auch wirklich hieß, schon im Herbst 1964 kennen
lernte oder Anfang des folgenden Jahres, konnte auch Janis' enge Vertraute Myra Friedman später nicht herausfinden. In dem Buch von Alice Echols taucht der gut ge-
kleidete, schöne Fremde mit dem französischen Namen
Michel Raymond im Herbst 1964 auf, stammte seiner Aussage nach aus den besseren Kreisen an der Ostküste mit
französischen Vorfahren. Dass Janis zu jenem Zeitpunkt
einem aalglatten Heiratsschwindler aufsaß, ist wohl ein
Indiz für ihre unstillbare Sehnsucht nach einer bürgerlichen Ehe, die ihr John X versprochen hatte, und für ihre
bisweilen verblüffende Naivität.

Die verlassene Braut

Im Frühjahr 1965 waren John X und Janis gesundheitlich am Ende. Nach mehreren Zusammenbrüchen wurde er im Mai mit der Diagnose Speed-Paranoia für zwölf Tage ins General-Hospital von San Francisco eingeliefert, Janis trotz eigenem Wunsch nicht behandelt, denn keiner fühlte sich für eine derart verwahrloste Drogenabhängige zuständig. Chet Helms beschrieb sie als »völlig ausgemergelt« – sie war auf knapp 40 Kilo abgemagert und konsumierte Mengen von Heroin, um von ihren Speed-Trips herunterzukommen. Trotzdem schaffte sie es, ihre ersten Plattenaufnahmen mit der Dick Oxtot Jazz Band zu machen, die auf dem Sampler ›Janis‹ zu hören sind. Der ›Black Mountain Song‹ erinnert mit dem nasalen Gesang verblüffend an die zwanziger Jahre und Bessie Smith. Bandleader Turk Murphy fand Janis zwar »sensationell«, doch bei einem geplanten gemeinsamen Liveauftritt im Folkclub Blind Lemon wollte der konservative Jazzer »den Beatnik« plötzlich nicht mehr auf die Bühne lassen.

Wie immer kannte Janis nur einen Ausweg aus dem privaten Dilemma – die Rückkehr nach Port Arthur, den Rückzug hinter den weißen Gartenzaun. Sie hatte sich in den Kopf gesetzt zu heiraten und wollte ihrer Familie mit John X endlich einen passablen Ehemann präsentieren. Obwohl ihre Freundinnen vor dem Großmaul und notorischen Lügner warnten, war sie von ihrer Idee geradezu

Janis hatte etwa sieben Monate seit ihrer Rückkehr aus New York gebraucht, um zu einem willenlosen Wesen, einem achtundachtzig Pfund leichten, spastischen Speedfreak zu degenerieren, der sich in eine Ecke verkrochen hatte und verzweifelt versuchte, etwas von der immer noch irgendwie schrecklichen Welt um sich herum zu erkennen.

Myra Friedman, Buchautorin und
ehemalige Presseagentin von Janis

besessen. Bei einem rauschenden Fest sammelten die Freunde das nötige Geld für die Heimfahrt, denn abgesehen von Janis' Heiratsplänen waren alle der Meinung, sie brauche dringend einen Ortswechsel und eine solide Umgebung, um wieder auf die Beine zu kommen. Doch erst einmal folgte Janis ihrem John X nach Seattle, wo dieser kurz darauf mit Wahnvorstellungen in einer psychiatrischen Klinik landete. Janis kehrte im Mai allein zu ihren Eltern zurück, um dort ihre Hochzeit stilvoll vorzubereiten. Sie bemühte sich, den Bruch mit ihrer Familie und auch den mit ihrer sechs Jahre jüngeren Schwester Laura zu kitten, die nun zu ihrem neuen gesellschaftlichen Leitbild wurde. Sie schrieb sich abermals am Lamar College in Beaumont ein, dieses Mal in den Fächern Soziologie, Literatur und Sport, trug das Haar meist als strengen Knoten, brave Kostüme und auch an heißen Tagen nur langärmelige Blusen, um die alten Einstiche ihres Drogenkonsums zu verbergen. Der Vater kaufte einen VW-Käfer, mit dem Janis ins College fahren durfte. Sie verkroch sich in einem Schneckenhaus oder, um bei einem ihrer Songs zu bleiben, dem ›Turtle Blues‹, den sie damals schrieb, wie eine Schildkröte, die sich in ihren Panzer zurückzieht, um zu überleben.

I'm a mean, mean woman	Ich bin eine üble, üble Frau
I don't need no one man, no good	Ich brauch keinen Mann, keinen guten
I just treats'em like I want to	Ich behandle sie, wie ich will
I never treats'em, honey, like I should	Schatz, ich behandle sie nie, wie ich es tun sollte
I guess I'm just like a turtle	Ich bin wohl wie eine Schildkröte
Hiding underneath its horny shell	Die sich unter ihrer hornigen Schale verbirgt
But you know I'm very well protected	Ich weiß aber, dass ich da gut geschützt bin
I know this goddamned life too well.	Ich kenne das verdammte Leben nur zu gut.

Turtle Blues (1965)

Doch der ersehnte Verlobte stellte sich trotz eines regen Briefwechsels nicht ein. Janis war gesundheitlich und seelisch in einem bedenklichen Zustand und suchte den Psychiater Bernard Giarratano auf. Seiner Meinung nach ignorierte sie einfach die Gründe für ihren widersprüchlichen Charakter und ging kaputt, weil sie sich nicht traute, zu ihrem Gesangstalent zu stehen: »Es war genau so, als versuchte sie zu sagen, ›ich bin Port Arthur‹, und das klappte natürlich nicht.«

Sie hatte panische Angst vor einem Rückfall in die Drogensucht und litt unter Trugbildern und Depressionen. All ihre Bemühungen, so normal wie alle anderen zu werden, fruchteten nichts, denn die nötige gesellschaftliche Anerkennung blieb aus. »Sie wusste, dass sie litt. Sie redete darüber, wie verdreht ihr Kopf war, und meinte, hierher zu kommen sei eine Möglichkeit, aus allem herauszukommen. Aber es gab nichts, was sie hinreichend befriedigte, um ›anständig‹ zu werden oder immer ›das Richtige‹ zu tun. Sie benutzte genau diese Worte.« Janis entwickelte sich zu einem Musterbeispiel an Bürgerlichkeit mit Geburtstagskalendern, Bridge-Einladungen und Ballettabenden. Sie schrieb für Laura ein »geheimes« Lied, das sie keinem zeigen sollte, weil es zu idealistisch war – ›Come Away With Me‹.

Monate später stand John X dann vor der Tür. Allerdings wartete auf ihn eine andere Frau in New Orleans und ging selbstverständlich davon aus, er würde die Be-

Come away with me	Komm, geh mit mir fort
And we'll build a dream	Und wir bauen einen Traum
Things will seem	Und alles wird für uns so sein
Like they never seemed	wie wir uns nie vorstellen
They could be	konnten,
	dass es sein könnte
Verse 1:	
The grass will be green	Vers 1:
The trees will be tall	Das Gras wird grün sein
	Die Bäume werden hoch sein

›Come Away With Me‹,
Songtext für Laura (1965)

ziehung zu Janis endgültig beenden. Stattdessen hielt er in aller Form bei Janis' Vater um die Hand der ahnungslosen Tochter an. Offenbar eroberte er mit seinen guten Manieren die Familie geradezu im Sturm. Dann verschwand er so plötzlich, wie er aufgetaucht war – wegen eines angeblichen Todesfalls in der Familie –, meldete sich noch mit etlichen überschwänglichen Briefen, ohne sich über eine konkrete Rückkehr zu äußern. Dorothy nähte für ihre Tochter das Hochzeitskleid und die Aussteuer. Die Geschichte entwickelte sich zu einem filmreifen Melodram, als Linda Gottfried in San Francisco eine hochschwangere Frau kennen lernte, die eben jenen John X als den Vater ihres Kindes nannte. Der hatte sich mittlerweile mit einer anderen Gefährtin nach New York abgesetzt, die sich bei den fast täglichen Anrufen von Janis als Kusine ausgab. Janis hielt also beharrlich an ihrer Illusion von einer baldigen Ehe fest, bis John den versprochenen Besuch zu Weihnachten absagte. Dieses traumatische Erlebnis nutzte sie später für ihr Image als Blues-Sängerin, die von allen verletzt, betrogen und hintergangen wurde.

Nachdem ihr Ehetraum wie eine Seifenblase zerplatzt war, wurden ihre Anpassungsstrategien nicht nur äußerlich geradezu grotesk und rigide. Alles, was mit ihrem Beatnik-Leben zu tun hatte, verurteilte sie bei anderen aufs Strengste – seien es Alkohol oder lose Sprache, schlampige Kleidung oder die berüchtigten Ausflüge »über den Fluss«. Stattdessen versuchte sie als Gastgeberin bei gepflegten Dinner-Partys und Canasta-Runden zu brillieren. Als sie dann auch noch einen Art Hausaltar mit einem Ölgemälde der Heiligen Familie fabrizierte, war

---

Das **Newport Folk Festival** wurde 1959 von George Wein als Pendant zum erfolgreichen Jazztreffen dort ins Leben gerufen. Die amerikanische Institution wurde bis 1971 zum Sprungbrett unzähliger Künstler – Joan Baez, James Taylor, Bob Dylan (erstmals elektrisch

ihre Mutter überglücklich. Aber all das sah nach krankhaftem Selbsthass, nach Selbstbestrafung für das eigene Versagen aus. Einige ihrer alten Freunde hatten den Eindruck, sie hätte eine regelrechte Gehirnwäsche hinter sich. Giarratano meinte, Janis hätte einfach ihren Vater überidealisiert und wollte gleichzeitig so tugendsam wie ihre Schwester Laura sein, um ihre Mutter zu gewinnen. Aber Dorothy hatte mit Laura bereits die perfekte Tochter, die sie sich gewünscht hatte, und damit waren die Chancen einer mütterlichen Anerkennung für Janis praktisch auf null gesunken.

Auch am Lamar College brachte Janis ihre Selbstverleugnung gar nichts, sie hatte ihren Ruf als Außenseiterin ein für allemal weg. Und so dauerte es nicht lange, bis sie wieder nach den bekannten und sicheren Ankern suchte. Ihr alter Freund Jim Langdon beobachtete ihre Entwicklung mit Besorgnis und überredete sie dazu, zumindest in der Freizeit wieder als Sängerin aufzutreten. Er war inzwischen zum Musikkritiker mit einer eigenen Kolumne beim ›Austin American Statesman‹ avanciert und vermittelte ihr einen Auftritt im Club The Eleventh Door, über den er Folgendes schrieb: »Texas ist schon immer ein hartes Pflaster für viele gute Bluessänger seit Leadbelly gewesen, aber gerade deshalb sind hier große Sänger herangewachsen. Meiner Meinung nach ist Janis Joplin eine der ganz Großen.« Ihr alter Musikkumpel Powell St. John war zwar entsetzt, dass sie adrett wie eine alte Schullehrerin auf der Bühne stand, aber auch überwältigt von ihrem Bessie Smith nachempfundenen Gesang. Obwohl Langdon damit ihre Mutter gegen sich aufbrachte, ver-

---

verstärkt), Bill Monroe, Muddy Waters, Odetta, B. B. King, The Band, Ry Cooder, Pete Seeger, Judy Collins, Richie Havens. Der Programmmacher Robert J. Jones reiste auf der Suche nach Talenten durchs ganze Land. 1985 wurde es mit neuen Künstlern wie Suzanne Vega, Michelle Shocked, Billy Bragg, den Violent Femmes, Ani DiFranco und Lyle Lovett wieder belebt.

suchte er Janis' Karriere weiterhin zu fördern und verschaffte ihr Auftritte in Austin und Houston. Auf der Bühne kompensierte sie ihre Enttäuschungen und allen war klar, dass es ihr dadurch besser ging, sie ausgeglichener und ruhiger wurde. Trotzdem erklärte sie Dave Moriaty im Herbst 1965, sie würde entweder Sekretärin oder Lehrerin werden, »und nie mehr ein schlimmes Mädchen sein«.

Doch die Macht der Musik sollte bald stärker werden, denn fernab von Port Arthur inspirierten britische Bands wie die Beatles mit ›Help‹ und die Rolling Stones mit ›Satisfaction‹ auch unzählige Laien in Amerika zur Gründung einer eigenen Band. Und Bob Dylan läutete beim Newport Folk Festival den Umbruch der Folk-Szene ein, als er zum Entsetzen der Puristen erstmals von einer Gruppe begleitet – der Butterfield Blues Band – auftrat und zur elektrischen Gitarre griff. Kurz darauf stand er mit dem Song ›Like a Rolling Stone‹ erstmals auf Platz zwei der Single-Charts.

Bob Dylan. Als Robert Allen Zimmerman 1941 in Minnesota geboren, wurde er Anfang der sechziger Jahre zur Stimme seiner Generation, der Gegenkultur und der Friedensbewegung, und zum Erneuerer der Folkbewegung im Sinne von Woody Guthrie. Der wohl einflussreichste Sänger und Songwriter des 20. Jahrhunderts prägte die Musikszene im selben Maße wie die Beatles – wenn auch auf andere Art und Weise –, als Poet mit visionären Texten und als Musiker mit der Schaffung neuer musikalischer Trends. Seine musikalische Reise ging vom akustischen, zornigen Protestsänger zum Frontmann elektrisch verstärkter Bands, vom Country-Romantiker über den religiösen Philosophen bis zum gereiften Dylan, der unermüdlich auf Tourneen und im Plattenstudio tätig ist. Ob ›Blowing in the Wind‹, ›Lay Lady Lay‹, ›Knockin' on Heavens Door‹ oder MTV ›Unplugged‹, Dylan wurde von Musikern aller Stilrichtungen gecovert, von Manfred Mann bis Punk.

Big Brother & The Holding Company

Anfang März 1966 trat Janis bei einem Wohltätigkeits-
konzert für den texanischen Bluesmusiker Teodar
Jackson in Austin auf und sang vor einem begeisterten
Publikum drei Lieder: ›I Ain't Gotta Worry‹, ›Going Down
to Brownsville‹ und ›Codine‹ von Buffy Sainte-Marie.
Kurz darauf bat sie Jim Langdon in einem Brief um Fotos
von einem ihrer Auftritte, »ich glaube nicht, dass ich es
ohne dein Vertrauen in mich geschafft hätte, deshalb,
wenn es dich nicht allzu verlegen macht, verdanke ich
dir praktisch alles. Janis.« Bei diesem Benefizkonzert trat
auch die erste texanische Rockband auf, die 13th Floor
Elevators. Janis hatte eingehend den Stil des Sängers Roky Erickson studiert, der sich wiederum an den wilden
Schreien von Little Richard orientierte. »Janis' Stil ist eigentlich Little Richard transformiert durch Roky Erickson«, so Chet Helms. Sie bekam sogar das Angebot, bei
der auch außerhalb von Texas bekannten Gruppe als Sängerin einzusteigen. Etwa zur selben Zeit meldete sich jedoch ihr alter Freund Chet Helms aus San Francisco und
machte ihr das Angebot, Sängerin von Big Brother & The
Holding Company zu werden. Helms managte die Band
und war nach dem Erfolg von Jefferson Airplane und deren Sängerin Grace Slick absolut davon überzeugt, dass

Buffy Sainte-Marie, 1941 in einem kanadischen Indianerreservat
geboren und von Weißen adoptiert, studierte Pädagogik und
Orientalistik. Bittere Protestlieder wie ›Universal Soldier‹ oder
ihr Hit ›Codine‹ von 1964 über die eigene Codein-Sucht, ›Bury
My Heart at Wounded Knee‹ oder die Ballade ›Until It's Time for
You to Go‹, die 1972 mit Elvis Presley in den britischen Charts
stand, wurden von vielen Künstlern gecovert. Mit Ehemann Jack
Nitzsche gelang ihr der Welthit ›Up Where We Belong‹. Sie be-
sann sich auch musikalisch auf ihre indianischen Wurzeln und
arbeitete unter anderem mit Ry Cooder.

Little Richard, 1932 als Richard Wayne Penniman im US-Staat Georgia geboren und selbst ernannter »King of Rock 'n' Roll«. Seine hoch energetischen Bühnenshows leben von seinem hysterischen Falsett, dem wilden Stakkato-Boogie-Piano und König-Ludwig-gleichen Roben, Frisuren und Make-up. Für ihn ist jedes Konzert eine Rock-'n'-Roll-Messe. Nicht verwunderlich, denn Mr. Richard trat nach seinen Fünfziger-Jahre-Hits wie ›Tutti Frutti‹, ›Rip It Up‹, ›Long Tall Sally‹ und ›Good Golly Miss Molly‹ eine Weile als Wanderprediger auf. In seiner Band spielte sich James Brown ebenso hoch wie Jimi Hendrix und kein einflussreicher Rockstar seit den Beatles und Rolling Stones ignorierte seine Kompositionen und seinen Bühnenstil – ob Elvis Presley oder Elton John.

auch Big Brother nur mit einer Sängerin wirklich Erfolg haben konnte.

In San Francisco war inzwischen der so genannte Acid oder Psychedelic Rock voll erblüht, da auch Folk- und Bluesmusiker nach Dylans Erfolg zur elektrischen Gitarre griffen. Die musikalische Entwicklung ging Hand in Hand mit der zunehmenden Politisierung an den Universitäten, mit Protesten gegen die Rassentrennung und gegen den Vietnamkrieg. Entgegen seinen Versprechungen, es würden Friedensverhandlungen geführt, die Präsident Lyndon B. Johnson während einer Rede an die Studenten der »Neuen Linken« machte, hatte die Regierung Ende 1965 die Zahl der Soldaten auf 100000 erhöht und 1966 wurden nochmals 100000 GIs rekrutiert, von denen bis zum Jahr 1968 rund 14500 fallen sollten. Die Zahl der verletzten Rekruten belief sich auf über 93000. Folglich hatten in der Bay Area fast alle Veranstaltungen, auch die

The 13th Floor Elevators, 1965 in Texas gegründet, eine der ausgeflipptesten Hippie-Bands, die eine Mischung aus schmutzigem Gitarrenrock, Country und Psychedelia spielte. 1968 wurde der charismatische Sänger Roky Erickson in die Psychiatrie eingewiesen und nach einem Flucht-versuch für drei Jahre weggesperrt. 1980 lieferte er mit neuer Besetzung und Horror-Heavy-Schnickschnack die Vorlage für britische Grebo-Bands wie Bikers On Acid. Auf dem Tribute-Album ›Where the Pyramid Meets the Eye: A Tribute to Roky Erickson‹ wirkten 1990 unter anderem

großen Partys, einen politischen Charakter, die ansässigen Rockbands waren bei Demonstrationen und Kundgebungen beteiligt. Über 1500 Bands existierten damals in der Bay Area und alle waren vom Blues beeinflusst.

Zum wichtigsten Auftrittsort der täglich neu gegründeten Bands wurde das in diesem Jahr eröffnete Fillmore East von Bill Graham. Chet Helms organisierte dort an bestimmten Wochenenden Veranstaltungen mit seinen Neuentdeckungen. Als es zwischen den beiden zum Bruch kam, eröffnete Helms am 22. April 1966 seinen eigenen Veranstaltungsort ein paar Häuser entfernt im ersten Stock, den so genannten Avalon Ballroom. Big Brother & The Holding Company, im Sommer 1965 gegründet, wurde seine Hausband. Obwohl eine echte Rockband, die

18   Big Brother & The Holding Company 1966. Von links nach rechts: Sam Andrew, David Getz, Janis, James Gurley und Peter Albin

R. E. M., ZZ-Top und die Butthole Surfers mit.

Acid oder **Psychedelic Rock**, Pauschalbezeichnung für Rock von der amerikanischen Westküste Mitte/Ende der sechziger Jahre. Nebulöser Begriff für so genannte bewusstseinserweiternde Musik, kollektive Endlos-Improvisationen mit orientalischen Einflüssen, Effekten wie Verzerrer und Phasing zu großflächigen Lightshows, die Wahrnehmung von Zeit und Raum verändern, also dem Zuhörer die Illusion eines LSD-Trips vermitteln.

anfangs Bob-Dylan- und Rolling-Stones-Songs coverte, waren die musikalischen Interessen der Musiker sehr breit gefächert. Die Gitarristen Sam Andrew und Peter Albin hatten ein Faible für klassische Musik und Johann Sebastian Bach, aber auch für Jazz. Gefunden hatten sich die Musiker im Haus Nr. 1090 in der Page Street, einer Pension, die einem Onkel von Peter Albin, dem Bassisten der Band, gehörte. Die Band verstand sich von Anfang an als Kollektiv und ihre Arbeitsweise als instinktiv nonprofessionell, so Sam Andrew später. Als Band-Logo fungierte das göttliche Auge in einem Dreieck.

Sam Andrew stellte das Zentrum der Band dar. Nach einem zweijährigen Paris-Aufenthalt war er nach San Francisco zurückgekehrt und übernahm sofort eine wichtige Rolle in der aufstrebenden Musikszene.

Neben dem Bandmitglied James Gurley galt er als Meister des psychedelischen Gitarrenstils mit endlosen Soli. James Gurley wurde 1939 geboren, kam Anfang der sechziger Jahre nach San Francisco und machte sich einen Namen in der Country- und Bluegrass-Szene. Der hoch gewachsene Gurley mit seinen langen blonden Haaren und Federschmuck hatte einen so durchdringenden Blick, dass viele glaubten, die Band würde deshalb Big Brother heißen. Wenn er zum stummen Fernseher seine Gitarre erhob, wurde Gurley von seiner Anhängerschar wie ein göttliches Wesen angehimmelt. Der fünf Jahre jüngere Bassist Peter Albin hätte nicht unterschiedlicher sein können. Er war verheiratet, hatte zwei Kinder und weder etwas für Drogen- noch Alkoholexzesse übrig. Bevor Janis der Band beitrat, war er der Leadsänger der Band. Der

Boz Scaggs, 1944 als William Royce in Ohio geboren, avancierte in den sechziger Jahren mit seinem texanischen Country-Blues zur weißen Blueslegende. Seine erste Platte nahm er während seiner europäischen Wanderjahre in Stockholm auf. Er gehörte der Steve Miller Band und Mother Earth an, spielte Gospel und Rock, in den Siebzigern mit einer eigenen Big Band im Stil der Swing-Ära, der er später auch Funk- und Disco-Elemente einverleibte. 1976 kam mit dem Album ›Silk Degrees‹ und Hits wie ›Lowdown‹ und ›Lido

Schlagzeuger David Getz kam eigentlich aus der Kunst-
szene, war Fullbright-Stipendiat, besaß ein Magister-Di-
plom vom San Francisco Art Institute, an dem er gele-
gentlich unterrichtete.

Der gemeinsame Freund Travis Rivers machte sich im
Auftrag von Chet Helms auf nach Texas, um Janis nach
Kalifornien zu begleiten. Ihrer Presseagentin Myra Friedman erzählte sie später, sie wäre ihm nur deshalb nach
Kalifornien gefolgt, weil er so gut im Bett gewesen sei.
Dem Journalisten David Dalton schilderte sie 1970 auf einer Tournee diese Episode in allen Details noch drasti-
scher. Travis erklärte später, dass Janis maßlos übertrie-
ben hätte, aber aus ihrer Sicht sollte das ein öffentliches
Kompliment und Dankeschön an ihn sein. Weil Janis bislang nur zu akustischer Begleitung gesungen hatte, be-

suchte Travis nach seiner
Ankunft mit ihr eine Bar in
Austin, in der Boz Scaggs
mit seiner Band auftrat. Sie
meinte, es wäre genau das,
was ihr gefallen könnte.
Chet Helms hatte ihr eine
Rückfahrkarte versprochen
und auch, dass er sich das
kommende halbe Jahr um
sie kümmern würde. Jim
Langdon war von Janis'
Entschluss, nach San Francisco zurückzukehren, we-
nig begeistert und hielt den

Shuffle< der Erfolg. 1983 zog er
sich zurück und leitete fünf Jahre ein Lokal in San Francisco,
bevor er wieder in die Musikszene zurückkehrte.

19   Janis und Chet Helms

Zeitpunkt für verfrüht. Travis führte deshalb lange Gespräche mit Janis, nahm sogar zu ihrem Therapeuten Kontakt auf, um herauszufinden, ob sie stabil genug für einen erneuten Ausflug in die Musikwelt sei. Bei ihrem Studienberater am Lamar College ließ sie sich offiziell für ein Semester beurlauben. Travis kutschierte sie auch zu ihren Eltern, war aber beim Abschiedsgespräch nicht anwesend. »Kein Problem, sie sind einverstanden«, behauptete Janis ihm gegenüber. Tatsächlich aber hatte sie ihren Eltern lediglich erzählt, sie würde für eine Woche zu Jim Langdon nach Austin reisen. Den machten jedenfalls die schockierten Eltern später für alles verantwortlich, weil er ihr die Flausen mit der Singerei in den Kopf gesetzt hätte. Bevor Janis und Travis ihre mehrtägige Autofahrt nach San Francisco am 30. Mai in Port Arthur antraten, schenkte Janis' alter Band-Kumpel Powell St. John ihr zum Abschied den Song ›Bye, Bye, Baby‹, den sie bald darauf als erste Plattenaufnahme mit den Big Brothers einsingen sollte.

Peter Albins und James Gurleys Erinnerungen an Janis' letzten San-Francisco-Aufenthalt waren zwar nicht sonderlich positiv, andererseits hatten sie sich bereits ohne Ergebnis rund 50 Sängerinnen angehört. Am 5. Juni 1966 begannen die Proben mit Big Brother & The Holding Company in einem umgebauten ehemaligen Pferdestall der Polizei. Da sie keinerlei Erfahrungen mit elektrisch verstärkten Instrumenten mitbrachte, hatte Janis anfangs Pro-

Linda! Mein Gott, Du glaubst kaum, wo ich gerade bin! Seufz. Ich sitze auf der Rückbank eines Autos … und fahre nach San Francisco. Ich weiß eigentlich gar nicht, was genau geschehen ist. Ich kam nach Austin und traf diesen Typen, den ich von früher kannte, Travis Rivers, der jetzt in SF wohnt. Er war im Auftrag von Chet Helms da, der im Moment in SF eine große Nummer ist und Konzerte veranstaltet. Mit bekannten neuen Rock-'n'-Roll-Bands, und Bill Hamm macht seine Lightshows, und er hat zwei Bands und trägt Wahnsinnsklamotten usw. Ich soll hinkommen und bei seiner Bluesband singen …

Brief an Linda Gottfried Waldron in Hawaii,
von unterwegs, 31. Mai 1966

bleme, gegen die laute Rockband anzusingen. Und mit dem von ihr favorisierten Bessie-Smith-Stil hatte die Band kaum etwas gemeinsam. Außerdem missfiel den Bandmitgliedern Janis' Äußeres. Sie war sehr übergewichtig, hatte nach wie vor eine unreine Haut, keine nennenswerte Frisur und steckte in ihrer abgetragenen Studentenkleidung. Von ihrer ungewöhnlichen Stimme waren aber alle auf Anhieb beeindruckt. »Wir haben vom ersten Augenblick an gewusst, dass wir sie einsetzen würden. Sie musste nur den Mund aufmachen und diese großartigen, ausdrucksvollen Töne mit ihrer rauen Stimme singen«, so Peter Albin. Nur James Gurley, der bislang als Gitarrist im Vordergrund gestanden hatte, war etwas eifersüchtig.

Doch die beiden Parteien rauften sich bald zusammen, zumal es nicht zum Toleranzstreben und Kollektivdenken von Big Brother passte, Vorurteile zu pflegen. Sie unterstützten Janis' erste, schüchterne Versuche, über das Mikrofon eine neue Ausdrucksweise für ihre Stimme zu finden. Und Janis wiederum hatte keine Vorbehalte, von akustischer zu elektrisch verstärkter Musik zu wechseln. Laut Sam Andrew habe die Band damals wesentlich lauter und schneller als alle anderen San-Francisco-Bands gespielt. »Es war viel schneller als der Punkrock, der später kam. Die Metronom-Einstellung war ungefähr Charlie Parker – 300 und mehr Viertelnoten pro Minute.« Oft habe Janis so lautstark gegen den Lärm angebrüllt, dass einmal sogar die Polizei besorgt anrückte.

Well, I know that you got things to do And places to be And I guess I'll have To fight the thing you placed on me I may wind up in the street a-sleeping in a tree, Still I guess you know when I've gotta go.	Nun, ich weiß, dass du eine Menge vorhast und dich umschauen möchtest Und ich vermute, ich muss mich mit dem rumschlagen, was du mir aufgeladen hast Vielleicht end ich in einer Straße, schlaf auf einem Baum Doch ich glaub schon, dass du weißt, wann ich gehen muss *Powell St. John, Waller Creek Boys, ›Bye, Bye, Baby‹ (1966)*

Wie groß die Kluft zwischen Tochter und Eltern bereits war, kann man aus den Briefen herauslesen, die Janis nach Hause schrieb. Egal, ob sie gute oder schlechte Nachrichten mitteilte, immer klang ihre Korrespondenz schuldbewusst und so, als würde sie um Verzeihung bitten. In ihrem ersten Brief vom 6. Juni sprach sie den Eltern gegenüber schon deutlicher aus, dass sie eine Karriere als professionelle Sängerin anstrebte, »aber ich will es nicht darauf anlegen, eine Cher für Arme zu werden«. Allerdings übertrieb sie in ihren Briefen, wie auch im richtigen Leben, flunkerte eine Menge, schönte vieles und buhlte um Liebe und Bewunderung. Gleichzeitig lieferte sie euphorische, sehr plastische und auch amüsante Informationen über die Mode und Gebräuche der Hippie-Szene.

Chet Helms managte neben seiner Musikeragentur The Family Dog weiterhin Big Brother und viele sahen in ihm den geistigen Vater und das sechste Mitglied der Gruppe. Janis' erster öffentlicher Auftritt mit Big Brother fand bereits am 10. Juni im Avalon Ballroom statt. Die Reaktionen des Publikums waren ziemlich widersprüchlich. Den einen nach soll Janis trotz ihrer Unerfahrenheit alle mitgerissen, anderen zufolge bei ihrem Debüt eher unbeholfen gewirkt haben. Janis erklärte später, sie sei bei diesem Auftritt regelrecht explodiert. »Bis dahin machte ich auf Bessie Smith – ich stand ganz still da und sang, mehr nicht. Aber so kann man nicht mit einer Rockband auftreten, bei diesem völlig anderen Rhythmus und der Lautstärke. Man muss regelrecht schreien und sich wild bewegen mit dieser Energie im Rücken.« Sie hatte für den Abend nur die Gospel-Titel ›Down on Me‹ und ›I Know

Cher, 1946 als Cherilyn LaPierre Sarkisiana geboren, wurde während des Folkrock-Booms mit ihrem Ehemann Sonny Bono als Popduo Sonny & Cher mit Welthits wie ›I Got You Babe‹ und ›The Beat Goes On‹ zum Hippie-Superstar. Später schlug sie eine erfolgreiche Solo- und Schauspielkarriere ein, bekam 1987 für ›Mondsüchtig‹ einen Oscar. Die »Diva des Pop« wirkte in den Kinoerfolgen ›Die Hexen von Eastwick‹ und ›Der Hochzeitstag‹ mit und stand mit Welthits wie ›Take Me Home‹, ›I Found Someone‹ und ›One by One‹ in den Charts.

You Rider‹ einstudiert. Auch bei den folgenden Auftritten sang meist noch Peter Albin, während Janis das Tamburin schwang. Trotzdem verbreitete sich in den angesagten Musikerkreisen schnell die Kunde von der neuen, sensationellen Sängerin.

Zugute kam ihr, dass Konzerte dieser Art für alle neu waren, keine Vorbilder existierten und jeder munter drauflosexperimentierte. Die Musiker in San Francisco versuchten damals durch eine Verschmelzung aus Musik, Licht und Bewegung den Unterschied zwischen Bühne und Zuschauerraum aufzuheben. So gab es im Avalon etwa keine Bühne, sondern lediglich ein leicht erhöhtes Podest, auf dem die Musiker bei den so genannten *Dances* vom tanzenden Publikum umgeben spielten und Konzert und Tanzveranstaltung zu einer Einheit verschmolzen. Die

Dances kann man durchaus mit den Rave-Partys der neunziger Jahre vergleichen, bei denen anstelle einer Band der DJ stand.

Und selbstverständlich beschäftigte man damals keine Roadies oder Hilfskräfte. Das war gegen die Hippie-Moral, die für eine klassenlose Gesellschaft plädierte und für die zumindest theoretische Überzeugung »alle Menschen sind gleich«. Ein Mitarbeiter von Bill

20 ›The Birth of a Scene‹, gezeichnetes Flugblatt für den ersten Family Dog Dance, 16. Oktober 1965

Graham behauptete, Janis hätte sogar nach ihrem sensationellen Durchbruch auf dem Monterey Festival 1967 noch die Verstärker und Mikrofone weggeschleppt. Doch eigentlich teilte Janis diese Überzeugung nicht, denn im Grunde ihres Herzens blieb sie bis zu ihrem Tod ein Beatnik und war kein »Love-&-Peace«-Hippie. Sie wollte das musikalische Dilettantentum und die Freiheit zur Improvisation schnell hinter sich lassen. Sie wollte ein Star werden, ganz im Sinne des klassischen Showgeschäftes, das die Hippies ablehnten, insbesondere aber die Leute in San Francisco und vor allem Big Brother. Die Konflikte waren also bereits vorprogrammiert. Weil aber ihre wilde, provokante Art auf der Bühne zum Zeitgeist passte, war sie wiederum für das Publikum eine glaubwürdige Vertreterin des Hippie-Geistes. Und Janis profitierte ungemein von der schillernden Mixtur der Band, die ideal war für ihre Entfaltung und Weiterentwicklung.

Anfangs schüchterte sie das ungewohnte Treiben in San Francisco noch ein und ihr kleines Notizbuch, in das sie penibel ihre Auftrittstermine, aber auch Familiengeburtstage und sogar noch ihre Prüfungstermine in Lamar eintrug, stellte wohl eine Art Sicherheitsanker dar. »Wir mussten uns eben daran gewöhnen, dass sie gewöhnlich sagte: ›Ich gehe zurück nach Texas‹«, so Dave Getz. Doch bald faszinierten sie das kunterbunte Treiben der Haight Ashbury, die Multi-Kulti-Patchwork-Verkleidungen der Hippies, die lockere Lebensweise. Sie arbeitete sehr zielstrebig an ihrem Äußeren, ließ sich von einem Hautarzt Medikamente gegen die Akne verschreiben, legte die Beatnik-Uniform ab und änderte ihren Kleidungsstil. Um ihre

Die Mädchen sind natürlich jung & hübsch mit langem, glattem Haar. Der Beatnik-Look, wie ich ihn nenne, ist definitiv in. Hosen, Sandalen, Capes aller Art, irrer handgearbeiteter Schmuck oder weite Schlabberkleider & Sandalen. Die jüngeren Mädchen tragen sehr enge Schlaghosen, die ganz tief auf den Hüften sitzen, & kurze Tops – bauchfrei. Aber die Jungen sind die wahren Pfauen. Alle tragen ihr Haar mindestens auf Beatles-Länge … viel länger als ich. Und angezogen sind sie ultra-Mod-mäßig –

füllige Figur zu kaschieren, bevorzugte sie sackartige Oma-Kleider, eine alte Madrasdecke und eine ehemalige Spitzen-tischdecke als Poncho. Mit diesem Secondhandlook lag sie vollends im Trend der von San Franciscos ersten Eso-terikern beschworenen »Erdmutter«. Das Ganze peppte sie mit Unmengen von Armreifen, Perlenketten und Fe-derboas auf, die man dort so selbstverständlich trug wie andernorts einen Seidenschal.

Die Anmeldung zum Sommersemester in Lamar verwarf sie bald und teilte das bescheidene, aber malerische Künstlerleben der anderen. Die Band verdiente pro Wo-che 250 Dollar, daher war freies Essen willkommen, wie etwa bei dem kleinen Italiener, bei dem Schlagzeuger Da-vid Getz jobbte.

Eine Weile lebte sie mit Travis Rivers zusammen, der sich als belesener und guter Gesprächspartner entpuppte. Seinen Heiratsantrag lehnte sie mit der Begründung ab, sie wolle sich ausschließlich auf ihre Karriere konzentrie-ren. Als sie herausfand, dass er Drogen nahm, zog sie in ein hübsches Einzimmerapartment in einem viktoriani-schen Holzhaus aus dem 19. Jahrhundert in der Pine Street. Sie unternahm alles, um sich von der Drogenszene fern zu halten, in jenen Tagen und ihrer Umgebung kein leichtes Unterfangen.

Bob Seidemann, der James Gurley für ein berühmtes Szene-Poster abgelichtet hatte, wollte auch Janis für einen ähnlichen Zweck fotografieren. Seiner Aussage nach hatte sie sich einfach ausgezogen und begeistert ausgerufen: »Ich bin das erste Hippie-Pin-up-Girl der Welt!« Dabei hatte er nur ein Portrait geplant. Es muss für Janis eine

Stiefel, immer Stiefel, enge Hüfthosen mit Hahnentrittmuster, Streifen und sogar Punkten! Sehr ausgefallene Hemden – Dru-cke, sehr schrill, hohe Kragen, weite Tom-Jones-Ärmel. Phanta-sievoll bedruckte Krawatten, Bob-Dylan-Mützen. Einfach too much …

Brief nach Hause, 13. August 1966

späte Genugtuung gewesen sein, dass ausgerechnet ihr Bild als Poster zur Hippie-Trophäe wurde. Vergessen waren der Spott und die Verachtung, hier war die Wiedergutmachung, die ihr Selbstbewusstsein stärkte, denn sie war tatsächlich das erste Nackt-Girl der Hippie-Generation. Seidemann hatte Janis zum Schönheitsideal seiner Generation gemacht, obwohl nur das »Brustbild« mit vielen Perlenketten verwendet wurde. Die komplette Fotografie war für damalige Zeiten selbst in San Francisco viel zu gewagt und erschien erst Jahre später in der Zeitschrift ›Rolling Stone‹.

Janis lernte auch die Boutiquebesitzerin Peggy Caserta kennen, die in ihrem Leben eine sehr wichtige Rolle als Freundin und Gefährtin spielen sollte. Sie besaß eine Boutique an der 635 Ashbury Street und eine Wohnung darüber. Peggy hatte ein Verhältnis mit Kim Chappel, der ehemaligen Geliebten von Joan Baez. Wie Janis liebte auch Peggy Männer wie Frauen und unterhielt für eine Weile sogar eine Beziehung zum Big-Brother-Musiker Sam Andrew. Sie unterstützte gewisse Künstler in San Francisco und belieferte auch Janis mit Bühnenkleidung, weil ihr Heilsarmee-Chic sie zu Tränen rührte.

21   Janis, das erste Hippie-
Pin-up

Janis' nächster Liebhaber wurde der Band-Kollege James Gurley, der ihr zuliebe sogar kurzfristig seine Frau Nancy und den gemeinsamen Sohn verließ. Dass sie sich den schönsten Mann der San-Francisco-Szene geangelt hatte, baute Janis' Selbstbewusstsein weiter auf. Nancy handelte nach der Lebensphilosophie der Hippies, die keine sexuelle Eifersucht kannten und die freie Liebe predig-

ten. Anfang Juli zogen Big Brother & The Holding Company mit Kind und Kegel in ein gemeinsames Haus auf dem Land nach Lagunitas beim San Geromino Valley, weil es in San Francisco keine bezahlbaren Proberäume gab, aber auch weil damals Kommunen im Stil einer Großfamilie zum Lebensstil gehörten. Die Landkommune im Farmhaus war aber nicht für alle jene Idylle, die sie sich erhofft hatten. Schon gar nicht für Janis, die als einziger Single unter den Ehepaaren und festen Beziehungen lebte und deren Lebensstil arg mit dem von Peter Albins Familie kollidierte, die früh schlafen ging. In dieser Zeit wurde Nancy Gurley zur engsten Vertrauten von Janis. Nancy besaß einen Magister in Literatur, war überaus gebildet und zugleich Mutter und Ehefrau, also eine Art Idealkombinaton aus Janis' Mutter Dorothy und Janis' ei-

22   Frauenschwarm und Geliebter von Janis: James Gurley

genem Idol als Künstlerin und Möchtegern-Ehefrau. Sie war die erste jener starken Frauen, an die sich Janis zeitlebens als Ersatzmütter klammerte. Nancy modelte Janis' noch immer robustes Aussehen und Auftreten mit einer Mixtur aus dem damaligen Hippie-Fundus komplett um, riet ihr zu femininen Tüchern, Samt, Seide, Spitzen, Umhängen und jeder Menge Klimperkram. Doch fatalerweise waren es ausgerechnet Nancy und ihr Ehemann James Gurley, die Janis wieder auf Speed und Heroin brachten. Auch die bei Hippies offiziell verpönte Spießerdroge Alkohol spielte bei allen eine große Rolle. Die meisten tranken gegen das Lampenfieber und um sich von ihren chemischen Höhenflügen herunterzudimmen. Musikalisch wuchs die Band jedoch in jenen Tagen eng zusammen, probte und feilte unablässig an neuen Songs. Dave erwähnte einen Song von Janis namens ›Pathways‹, der nie aufgenommen wurde, obwohl er ihn wundervoll fand: »Es war eine sehr mystische Melodie, die sie mit einem hohen, lyrischen Sopran sang – ihrer phantastischen Folk-Stimme.«

Big Brother entwickelten sich dank Janis zu einer regionalen Berühmtheit und traten im Sommer auch in Vancouver und mehrmals in Bill Grahams Fillmore auf. Dort erlebte Janis zum ersten Mal den Soulsänger Otis Redding auf der Bühne, von dessen Gesang sie wie elektrisiert war. »In genau diesem Moment begann ihr Hochenergie-Trip«, berichtete Dave Getz. Gleichzeitig riss Janis die Entscheidungen mehr und mehr an sich, im Glauben, die Leute um sie herum wären nicht professionell genug, um eine künstlerische Zukunft zu garantieren. Auch jene, die ihr geholfen hatten, bekamen das zu spüren. James

---

Otis Redding (1941–1967), Sohn eines Baptistenpredigers aus Georgia, Soulinterpret mit warmer, leidenschaftlicher Stimme, der Anfang der Sechziger mit Eigenkompositionen wie ›These Arms of Mine‹ glänzte, aber auch ›Satisfaction‹ von den Rolling Stones, ›Respect‹ und ›Try a Little Tenderness‹ sang. Sein Auftritt beim Monterey Pop Festival 1967 machte ihn zum Star. Er starb bei einem Flugzeugabsturz und erlebte den Welterfolg seines Hits ›(Sittin' on) The Dock of the Bay‹ 1968 nicht mehr, für den es posthum zwei Grammies gab.

Gurley bekam ihre Kritik ebenso ab wie Chet Helms, den sie als Manager nicht ernst nahm und als »Hippie-Schmuser« abkanzelte. Als die Band merkte, wie sehr Janis inzwischen von anderen als Sängerin umworben wurde, gab sie ihrer Forderung nach, sich von Chet Helms zu trennen. Elektra Records und Produzent Paul Rothchild hatten ihr das verlockende Angebot gemacht, mit dem damals angesagten schwarzen Sänger Taj Mahal aus Harlem sowie Stefan Grossman, dem Schlagzeuger Steve Mann und Barry Goldberg eine All-Star-Band in Los Angeles zu gründen. Laut Peter Albin habe sie sich danach wie ein Teenager aufgeführt: »Er macht einen großen Star aus mir! Er schenkt mir ein Auto und ein Haus in Hollywood.«

Am 22. August wägte sie in einem langen Brief nach Hause genau ihre Marktchancen ab und überlegte, ob das Angebot von Paul Rothchild sie schneller weiterbringen würde als die Mitgliedschaft bei Big Brother. »Der Blues ist zum einen meine ganz große Liebe, und zum anderen wäre ich von Anfang an bei einer Plattenfirma unter Vertrag – ich würde quasi schon an der Spitze anfangen. Und ich bin mir nicht sicher, ob der Rest der Band [Big Brother] überhaupt bereit ist, hart genug zu arbeiten, um gut genug zu werden, das zu schaffen …«

Am Tag darauf trat sie mit Big Brother ein vierwöchiges Engagement in Chicago im Club Mother Blues an, das sich schnell als Reinfall herausstellte. Und Chet war nicht mehr zur Stelle, um zu helfen. Chicago war nicht San Francisco, die langhaarigen Hippies strandeten dort schon an

Taj Mahal, 1942 als Henry Sainte Claire Fredericks Williams in New York geboren, gilt als panamerikanischer Musik-Kosmopolit. Der Sohn eines bekannten jamaikanischen Jazzmusikers studierte alle Formen ethnischer schwarzer Musik, spielt zehn Instrumente und gründete mit Ry Cooder 1965 das Trio The Rising Sons und trat 1969 beim Woodstock Festival auf. Er experimentierte mit Big-Band-Sound, Latino-Rhythmen, Reggae und Salsa und wird als Vorläufer der World-Music angesehen. Taj Mahal schrieb auch Film-, Theater- und Fernsehmusiken und arbeitete mit Eric Clapton ebenso wie mit Hall & Oates.

der Hotelsuche, erst recht aber an den puristischen Vorstellungen des Publikums. In Chicago wurde seinerzeit der
Blues eben ordentlich gespielt und nicht psychedelisch.
Zufällig lief ihnen der Musiker Nick Gravenites von der
Band The Electric Flag über den Weg und half bei der
Quartiersuche. »Sie waren einfach zu verrückt. Der Puppe
hing das Haar ins Gesicht, und bekleidet war sie mit einer Bettdecke. Und dann der Schmuck! Dieser ganze Wo-
du-Scheiß! Und dann das Patschuli-Parfüm, ein furchtba-
rer Gestank! Ihr Teint haute einen um. Sie war heiser und
kreischte wie eine angeschossene Eule.« Nur der Bluesmusiker Howlin' Wolf erklärte Sam nach einem Auftritt
begeistert, die Band hätte »mehr Soul als ich in meinem
kleinen Finger«.

Chet hatte vor seiner Entlassung einen Plattenvertrag
der Firma Mainstream Records wegen der miserablen Bedingungen abgelehnt. Doch Big Brother sahen darin die
einzige Möglichkeit, Janis zum Bleiben zu überreden. Außerdem waren sie die einzige populäre Band in der Bay
Area ohne Plattenvertrag. Völlig unerfahren und ohne professionelle Beratung unterzeichneten sie schließlich das Papier. Janis sagte Rothchild mit der Begründung ab, sie sei
in eines ihrer Bandmitglieder verliebt. Den Eltern schrieb
sie, dass sie in absehbarer Zeit nicht vorhätte, an das College zurückzukehren. Durch ihre augenblickliche Lebensweise seien viele der Probleme gelöst, die sie mit ihrem
Psychologen Giarratano besprochen hätte. Sie hätte das
Gefühl, »nicht mehr zu lügen«. Über den Loyalitätskonflikt
Big Brother gegenüber dachte sie noch nach. »Versuche
herauszufinden, welche [Sache] musikalisch vermarktbarer

Nick Gravenites, 1938 als Sohn
griechischer Einwanderer in
Chicago geboren, Sänger und
Songwriter. 1961 wurde er Mit-
glied der Butterfield Blues
Band, 1967 wechselte er zur
Band The Electric Flag seines
Freundes Mike Bloomfield. Sei-
ne Songs wurden von Howlin'
Wolf und Janis Joplin gecovert.
Er komponierte mit Bloomfield,
Butterfield und Maria Muldaur
auch die Filmmusik zu ›Steel-
yard Blues‹ mit Jane Fonda und
David Sutherland.

ist, weil es nicht reicht, dass ich gut bin, ich brauche auch ein gutes Vehikel.«

Gleichzeitig begannen unter diesem ungünstigen Stern in Chicago die Aufnahmen zur ersten LP ›Big Brother & The Holding Company Featuring Janis Joplin‹, die unter der Produktion von Bob Shad in Los Angeles abgeschlossen wurden. Es war eher eine Folk- und Bluesplatte mit vielen Einflüssen der damaligen Zeit, angefangen von den Beatles bis hin zu klassikverbrämten Rockelementen. Für die Aufnahmen erhielten sie pro Musiker 100 Dollar und keine weiteren Vorschüsse. Das finanzielle Desaster in Chicago zwang die Band zu einer beschwerlichen Rückfahrt in einem winzigen Gebrauchtwagen und deshalb sah man sich sofort nach einem neuen Manager um. Für kurze Zeit kümmerte sich ein gewisser Jim Kalarney um die Geschicke der Band.

Am 6. Oktober 1966 wurde in Kalifornien LSD für illegal erklärt und mit einem Schlag eine ganze Szene kriminalisiert. Aus diesem Grund organisierte der Drogenpapst Timothy Leary am selben Tag die so genannte »Love Pageant Rally«, eine riesige Demonstration, bei der auch Big Brother auftraten. Da Janis wenig für bewusstseinserweiternde Drogen übrig hatte, betrank sie sich stattdessen mit ihrer Freundin Pat »Sunshine« Nichols. Zu Weihnachten stieg in der Landkommune in Lagunitas eine Riesenparty, zu der die einflussreichsten Bands der Frisco-Szene wie The Grateful Dead, Quicksilver Messenger Service und Country Joe And The Fish eingeladen waren. Da der

Timothy Leary (1920–1996). Der in Springfield, Massachussetts, geborene Psychologe, Biologe und Physiker gilt als Pionier der bewusstseinserweiternden Drogen und Verfechter der Selbstbestimmung über das eigene Bewusstsein. Er führte Forschungsgruppen und Selbstversuche mit Pilzen und der chemischen Droge LSD durch, veröffentlichte Bücher, wurde mehrmals inhaftiert, von Musikern wie John Lennon und Bob Dylan und dem Black-Panther-Führer Eldridge Cleaver unterstützt. Seinen Todeskampf mit dem Krebs ließ er, betäubt durch einen eigenen Drogencocktail, rund um die Uhr übers Internet zeigen.

Howlin' Wolf (Chester Arthur Burnett, 1910–1976). Der Sohn eines Farmers aus Mississippi ging als Teenager bei Charles Patton, dem Vater des Delta Blues, und Sonny Boy Williamson II in die Lehre. Sein »heulender« Stil brachte ihm den Spitznamen ein. Die weißen Bluesmusiker aus Chicago und britische Bluesbands der Sechziger wie Yardbirds, Ten Years After und Cream lebten von seinen Songs wie ›Smokestack Lightnin'‹, ›Evil‹ und ›Little Red Rooster‹. Nach dem Erfolg beim Newport Folk Festival 1966 konnte er vier Jahre später für seine »Session«-LP die Londoner Musikstars Eric Clapton, Steve Winwood, Bill Wyman, Charlie Watts, Klaus Voormann und Ringo Starr versammeln.

Pachtvertrag für das Haus ablief, zogen Big Brother Ende des Jahres auf Betreiben ihres neuen Managers Julius Kaplan wieder in die Stadt zurück. Der »grüne Julius«, so sein Spitzname, war ein Kiffer mit wenig bis gar keiner Kompetenz. Janis quartierte sich in einer kleinen Wohnung an der Ashbury Street ein. Für sie war die Rückkehr in die Stadt eine positive Veränderung, denn hier war sie nicht ständig der Versuchung ausgesetzt, mit den anderen Drogen zu teilen, und kam ein bisschen zur Ruhe.

The Grateful Dead wurde 1965 vom Gitarristen Jerry Garcia gegründet und war die wichtigste Band der psychedelischen Hippie-Bewegung. Die Band genoss in den Staaten absoluten Kultstatus. Ihre Songimprovisationen und stundenlangen Konzerte waren legendär. Sie lebte und arbeitete als autarke Musikkommune und baute weltweit den so genannten »Deadhead«-Fanzirkel auf, der eigene Fanzines veröffentlichte und der Gruppe bei Konzerten nachreiste. Nach dem Tod von Garcia löste sich die Gruppe 1995 auf.

Big Brother & The Holding Company Featuring Janis Joplin

Der Erstling wurde 1966 in wenigen Tagen in Chicago und Los Angeles mit Produzent Bob Shad eingespielt. Dem Besitzer des kleinen Jazzlabels Mainstream war der »Freak-Sound« aus San Francisco fremd, die Studio-Neulinge waren eingeschüchtert und unerfahren Die melodische Folkrock-Platte mit vielen Einflüssen der damaligen Zeit besitzt einen unschuldigen Charme und durchaus Witz und Originalität. »Die Gitarren klingen wie in den fünfziger Jahren, der Lautstärkepegel geht nie in den roten Bereich«, meinte Sam Andrew. »Inzwischen mag ich das Album genau deshalb, denn es ist eine Art Skizzenbuch der frühen Big-Brother-Sachen.«

Mit ›Bye Bye, Baby‹ schrieb Janis' alter Band-Kumpel Powell St. John von den Waller Creek Boys ein Folklied über die neue Generation der Ausreißer und Hippie-Vagabunden. Sie interpretiert es mit heller, klarer Folkstimme und leichtem Tremolo auf zwei Gesangsspuren. Trotz Rockanleihen klingt die Band fast akustisch. ·Easy Rider‹ ist ein lustiger Hobo-Song von Gitarrist James Gurley, der für lange Improvisationen zwischen dem Dylan-typischen Countryfolk-Genäsel von Sam sorgt. Bei ihrem Stück ›Intruder‹ macht Janis auf Bessie Smith, geht am Schluss zu den psychedelischen Gitarren in Rock-'n'-Roll-Shouting über. ›Light Is Faster Than Sound‹ von Peter Albin ist frühester Westcoast-Sound, eine schräge Kakophonie aus extremen Falsett-Chören zu noch höheren Gitarren, Hall und Monoton-Rhythmen. In dem berührenden Liebesduett ›Call On Me‹, das Sam Andrew für seine Frau Rita schrieb, singt Janis ihn mit souligem

Blues an die Wand. Der Song war Jahre später im Vietnamfilm ›Coming Home‹ mit Jane Fonda und Jon Voight zu hören.

›Women Is Losers‹ von Janis ist wohl der erste feministische Rocksong. Ein texanisches Lied namens ›Whores Is Funky‹ hatte sie zu dem Blues-Rock mit schneller Steigerung der Instrumente bis zur Improvisation inspiriert. Die Bearbeitung des Spirituals ›Blindman‹ verkörpert am besten den Folkrock auf diesem Album mit poppigen Mamas-&-Papas-Harmonien und wechselndem Leadgesang von Janis und Sam. ›Down On Me‹, von Janis kehlig rau und voll gesungen, ist die Rock-Adaption eines Gospels aus den dreißiger Jahren. ›Caterpillar‹, ein Unsinnsstück in Beatles-Manier mit wechselnder Geschwindigkeit bis zum Überdreh, entstand, als Sam und Peter mit selbst geschriebenen Kinderliedern um die Welt reisen wollten. Bei Dada-Zeilen wie »I'm a Jimmy Dean sausage, frying for your love …« setzt Janis die Altstimme ein. Das trippige ›All Is Loneliness‹ mit Kanon-Stimmen zu sitarähnlichen Gitarrenklängen und Janis' hohem Sopran schrieb der blinde New Yorker Straßenmusiker Moondog, der seine Notenblätter an Passanten verkaufte. »Er wollte wissen, ob wir es im 5/4-Takt spielen«, kommentierte Sam, »und wir antworteten: ›Wir sind zu fünft und machen es zu viert.‹«

Die LP ›Big Brother & The Holding Company Featuring Janis Joplin‹ erschien erst 1967 nach dem Monterey-Erfolg und blieb auf Platz 60 der Billboard-Charts hängen. Janis dankte dem Kritiker Ralph Gleason für seinen Verriss. Er hatte geschrieben, die LP repräsentiere in keinster Weise das, was die Band wirklich ausmache.

In Goldlamé beim Monterey Festival

Am 1. Januar traten Big Brother neben den Grateful Dead bei einer großen Neujahrsparty der Hell's Angels auf. Die Motorrad-Gang arbeitete damals für die Hippies als Drogenkurier, auch wenn vielen diese Verbindung nicht ganz geheuer war. Doch Janis, die harte Texanerin, konnte mit ihnen umgehen. Sie spielte mit ihnen Billard, kippte harte Drinks und brauste mit dem Anführer Freewheelin' Frank auf seiner Harley durch die Gegend.

Der legendäre »Summer of Love« wurde am 14. Januar 1967 mit dem ersten großen so genannten Human Be-In im Golden Gate Park eingeläutet. Die ganze Bay-Area-Subkultur war vertreten: Künstler, politische Aktivisten und Musiker. Janis sang bei dieser kollektiven LSD-Pro-

24 The Grateful Dead in einem alten Friseurladen neben der Boutique von Peggy Caserta

testkundgebung vor 10 000–20 000 Leuten unter anderem ›Ball and Chain‹ von Big Mama Thornton. Das plötzlich erwachte Medieninteresse an der Szene in San Francisco hatte zur Folge, dass in diesem Jahr fast 200 000 meist weiße Jugendliche aus der Mittelschicht gen Westen zogen und das Eldorado der Hippies überschwemmten. Im Gefolge dessen entstand ein Drogen-Lumpenproletariat, das weniger angenehme Leute wie etwa die Mafia anzog, was die Atmosphäre schnell vergiftete und zu Rassenkonflikten führte. Haight-Ashbury war das neue angesagte Viertel, eine reine Arbeitergegend östlich vom Golden Gate Park auf einem schmalen Streifen namens Panhandle, in dem fast alle Free Concerts stattfanden. Die Stadt organisierte Mitte des Jahres bereits Busfahrten für Sensations-Touristen in die Gegend. Dieser neue »Goldrush« auf Drogen beschwor in der Stadt Probleme herauf, die im Verlauf des Jahres vollends außer Kontrolle gerieten. Sie überforderten das Sozialnetz der Underground-Szene, deren Motor die Diggers waren, ehrenamtliche Hippie-Sozialarbeiter, die mit Chet Helms' Agentur Family Dog und anderen Veranstaltern zusammenarbeiteten. Janis war mit zwei der wichtigsten von ihnen – Peter Coyote und Emmett Grogan – eng befreundet.

Bei einem gemeinsamen Konzert mit Country Joe & The Fish in Berkeley verliebte sich Janis im Februar in den Sänger Joe McDonald. Seine Band verkörperte mit ihrem Agit-Rock die politische Hippie-Szene von San Francisco in Reinkultur. Joe lebte in einer Wohngemeinschaft genau gegenüber von Peggy Casertas Boutique. Janis' egozentrischer Ehrgeiz und Joes konsequentes Sozialverhal-

Country Joe & The Fish, 1965 von Country Joe McDonald, 1942 in Kalifornien geboren, gegründet. Nach seinem Marinedienst verfasste der engagierte Student an der Berkeley University Protestsongs, die er und Freund Barry Melton mit Vaudeville-, Jugband- und Folk-rock-Elementen zu volkstümlichen Mitmach-Hymnen für Demonstrationen aufpeppten. Mit diesen satirisch-bissigen Gassenhauern waren sie in den Charts ebenso erfolgreich wie bei Festivals, unter anderem auch in Woodstock. 1969 komponierte McDonald einen Teil

»**Big Mama**« **Willie Mae Thornton** (1926–1984), die große Dame des schwarzen, robust gesungenen Blues aus Alabama, spielte auf der Bühne auch Schlagzeug und Mundharmonika. Sie reiste mit der Hot Harlem Revue, dann mit Johnny Otis Blues Show und inspirierte mit ihrer Plattenversion von ›Hound Dog‹ Elvis Presley zu seinem Hit. 1964 stellte sie sich beim Monterey Jazz Festival auch dem weißen Publikum vor. Janis Joplin schaffte 1967 mit dem als Bluesrock interpretierten ›Ball and Chain‹ den Durchbruch.

ten waren nicht der einzige Konfliktstoff dieser Liebesaffäre. Als der launische Joe ihr schließlich erklärte, die Sache sei vorbei, war Janis am Boden zerstört. Später schrieb er für sie das Abschiedslied ›Janis‹, das sie jedoch nicht mit ins Band-Repertoire aufnahm. Big Brother traten mittlerweile fast jeden Abend auf und waren auch im Richard-Lester-Film ›Petulia‹ kurz zu sehen. Da Janis inzwischen genug Geld verdiente, leistete sie sich eine bessere Wohnung in der Cole Street: zwei Zimmer, Küche, Bad, Balkon.

Vom 16. bis 18. Juni 1967 fand das International Monterey Pop Festival statt, das Janis' Leben über Nacht verändern sollte. Mit über 120 bekannten und noch unbekannten Musikern von Jimi Hendrix bis The Who war es die erste professionelle Großveranstaltung der jungen Pop- und Rock-Szene. Leiter des Festivals war John Phillips, ein Mitglied der Popband The Mamas & Papas aus Los Angeles, und im künstlerischen Komitee saß der Beatle Paul McCartney. Hinter den Kulissen kriselte es gewaltig, denn erstmals sahen sich die Musiker aus San

der Filmmusik zum französischen Spielfilm ›Stille Tage in Clichy‹, nahm später ein Album mit Woody-Guthrie-Songs auf und engagiert sich seitdem für Umweltschutz und Vietnamveteranen.

Francisco dem Konflikt zwischen künstlerischem An-
spruch und cleverer Vermarktung ausgesetzt, der durch
die konträren Ansichten der Musiker aus dem oberfläch-
lichen Los Angeles und dem politisch geprägten San
Francisco noch an Schärfe gewann. Beispiel dafür war
der zuckersüße Welthit ›San Francisco‹, von Scott
McKenzie gesungen, den John Phillips eigens fürs Festival komponierte und womit er den Ausverkauf der Hip-
pie-Idylle in Haight-Ashbury einleitete. Das Festival von
Monterey markierte den Beginn einer regulierten Rock-
Szene und einer eigenständigen, profitablen Industrie mit
Unternehmern, Geschäftemachern, einem neuen Geschäfts-
zweig auf dem Weg zum großen Rock-'n'-Roll-Zirkus auf
Festivals und in Stadien. Die Hollywood-Geschäftemacher
hatten die Fernsehrechte für 400 000 Dollar an ABC-TV
verkauft, aber weil etliche der SF-Bands die Fernsehauf-
nahmen boykottierten, fehlten sie folglich auch in der
Filmdokumentation ›Monterey Pop‹ von Filmemacher
D. A. Pennebaker.

So friedlich paradiesisch, wie die Filmbilder vorgau-
keln, ging es auch in Monterey nicht zu, denn viele der
70 000 Besucher wurden hilflose Opfer eines ungezügel-
ten Drogenmissbrauchs, was ein Großteil der euphori-
schen Journalisten aus dem ganzen Land ob dieser
»Kulturrevolution« völlig übersah. Die Spitzenzeiten
gehörten den damaligen Superstars, die Bands aus San
Francisco hatten die Veranstalter auf den Samstagnach-
mittag verbannt. Doch ausgerechnet hier passierte die
Sensation, als eine völlig aufgeregte und aufgedrehte Janis Joplin mit Big Brother das Publikum im Sturm nahm.

Don Alan Pennebaker, 1925 in Evanston, Illinois geboren, war Mitbegründer des so genannten *direct cinema* und des *living-camera*-Stils. Mit einer eigens entwickelten transportablen 16-mm-Filmkamera hat er bis heute an die 120 journalistische Dokumentarfilme gedreht, darunter die Musikerportraits ›Don't Look Back‹ 1965 mit Bob Dylan, ›Monterey Pop‹, ›Bowie (Ziggy Stardust)‹, ›Comin' Home Janis Joplin‹ und 1996 der Marius-Müller-Westernhagen-Tourneefilm ›Keine Zeit‹.

Bei ihrer Paradenummer ›Ball and Chain‹ sang sie sich die Seele aus dem Leib. Der Buchautor Heinz Geuen schrieb, mit ›Ball and Chain‹ sei ein neues Genre geboren worden: die Rockblues-Ballade. Weil auch der Big-Brother-Manager Julius Kaplan den Filmvertrag als ausbeuterisch abgelehnt hatte, konnte Pennebaker Janis' triumphalen Erfolg nicht auf Film festhalten. Doch Janis ergriff höchstpersönlich die Initiative, als der bekannte Manager-Mogul Albert Grossman aus New York großes Interesse an ihr zeigte, der die Geschicke von Bob Dylans Karriere lenkte. Angeblich war er es, der sich bei John Phillips und Pennebaker für einen weiteren Auftritt von Big Brother stark machte. Tags darauf, am Sonntagabend, betraten also Big Brother ein zweites Mal die Bühne, um auf Zelluloid gebannt zu werden. Janis hatte ihre schlichten Jeans gegen einen Hosenanzug aus Goldlamé und goldene Slipper getauscht, eine Bühnenkleidung, die sie bereits in einem Brief an ihre Eltern 1966 als das Nonplusultra eines großen Stars beschrieben hatte. Laut Sam Andrew sprach sie das Wort Lamé immer englisch aus, damit es sich auf *fame*, »Ruhm«, reimte.

Ob ›Newsweek‹ oder ›Time‹, die Presse überschlug sich, aber die ›New York Times‹ toppte sie alle mit der Schilderung, Janis »habe ihre bissige, tiefe Stimme herausgeschleudert und dabei mit den Füßen gestampft wie eine Flamenco-Sängerin«. Dem Rockkritiker Michael Lydon gestand sie: »Ich fühle mich dabei tatsächlich so, als hätte ich mich das allererste Mal verliebt. Ich fühle ein Frösteln, merkwürdige Gefühle, die meinen ganzen Körper erfassen. Es ist eine überragende emotionale und

> Janis war so kraftvoll und so anders, all ihre Emotionen lagen offen.
> *Grace Slick von Jefferson Airplane über Janis Joplin beim Monterey Pop Festival*

physische Erfahrung.« Die Erfolgsnachrichten sprachen sich bis Port Arthur herum und Janis war unheimlich stolz, als ihre Mutter ein Glückwunschtelegramm schickte. Mit einem Schlag waren Big Brother das neue, große Ding in der Bay Area. Nun konnte es Bob Shad von Mainstream Records gar nicht schnell genug gehen, die ein Jahr alten und absolut nicht mehr für den Big-Brother-Stil repräsentativen Aufnahmen auf den Markt zu werfen. Die LP ›Big Brother & The Holding Company Featuring Janis Joplin‹ blieb auf Platz 60 der Billboard-Charts hängen.

Clive Davis, der junge, clevere Präsident von Columbia Records, hatte Janis' Auftritt in Monterey erlebt und wollte die Band unter Vertrag nehmen. Er traf sich mit Julius Karpen und Bob Gordon, dem Anwalt von Big Brother. Das Hauptproblem war der fünfjährige Knebel-vertrag mit Mainstream Records, der die Band teuer zu stehen kommen sollte. Im August reiste die gesamte Familie Joplin für einen Besuch nach San Francisco und Janis organisierte eigens einen Auftritt der Band im Avalon Ballroom. Zwar kam es dabei zu keinen peinlichen Zwischenfällen, aber allen fiel auf, dass sie ihrer Familie mit dem erreichten Status in der Musikszene nicht imponieren konnte, mit Ausnahme ihres kleinen Bruders Michael. Schwester Laura beschrieb den Besuch in ihrem Buch reichlich distanziert. Janis letzter, verzweifelter Versuch, die Anerkennung ihrer Familie zu gewinnen, war gescheitert.

Mit dem neu erworbenen Ruhm wuchs auch Janis' sexuelle Attraktivität und sie genoss die Möglichkeit der

Ihre linke Brustwarze erigierte unter ihrem gestrickten Hosen-anzug und sah hart genug aus, um dein Auge auszustechen. Sie rockte und stampfte und drohte, jeden Augenblick das Mikrofon zu zerbrechen oder es zu verschlucken.

Der Kritiker Robert Christgau über Janis Joplin beim Monterey Pop Festival

Wahl in vollen Zügen. Im Spätsommer, als Jimi Hendrix im Fillmore in San Francisco gastierte, bestritten Big Brother das Vorprogramm. Es kam zu einer kurzen und heftigen Affaire zwischen dem schwarzen Gitarrenhelden und Janis. Die beiden verband die gemeinsame Liebe zum Blues, den sie auf ihre Weise neu interpretierten, aber auch schneller Sex und unkontrollierter Drogenkonsum. Allerdings schreckte sie bald seine gewalttätige Ader ab. Mit Jim Morrison von den Doors teilte sie die Liebe zur Literatur, die Promiskuität, den Alkohol und das Selbstverständnis, kein Hippie, sondern ein Beatnik zu sein. James Gurley beschrieb die beiden als »zwei monströse Egomanen, die aufeinander prallten«. Sie waren sich so ähnlich, dass Janis oft als »der weibliche Jim Morrison« bezeichnet wurde. Sie verbrachten eine Nacht in Janis' Wohnung, während nebenan Morrisons Dauerfreundin Pamela Courson mit Freunden saß und sich schließlich mit Sam Andrew von Big Brother für Jims Untreue rächte.

Im Herbst zog Linda Gravenites bei Janis in der Lyon Street ein. Zur Hausgemeinschaft gehörten auch der Kater Sam und George, ein ausgelassener Collie-Mischling. Janis suchte nach einer Ersatzmutter, Linda litt unter einem Helfersyndrom. Zuvor hatte sie in der Großkommune der Grateful Dead gelebt und war berühmt für ihre ausgefallenen T-Shirts, ihre Kreationen aus Samt und Seide, alten Spitzenvorhängen und Secondhandklamotten, den so genannten »viktorianischen Stil«. Für Janis entwarf sie die »Piratenbraut« mit Samtwesten, Chiffonblusen, weiten Hosen und auffällig verzierten Capes. Mit

Jim Morrison (1943–1971), Leadsänger der Doors aus Los Angeles, wurde als Jugendidol, Sexsymbol, Dichter und *enfant terrible* schon zu Lebzeiten zur Legende. Seine erotische Ausstrahlung, zügellose Selbstdarstellung und Lebensweise, seine skandalösen Texte über Sex und Tod und sein mysteriöser Tod in Paris beschäftigen und inspirieren bis heute kreative Gemüter. 1991 kam der Film ›The Doors‹ von Oliver Stone in die Kinos und die Doors-Hits wie ›Light My Fire‹ und ›Riders On The Storm‹ kamen wieder in die Charts.

25   Linda Gravenites

diesem positiven Stilwechsel von Janis' Bühnenkleidung verlieh sie der inzwischen schlanken Janis ein ausdrucksstarkes erotisches und sehr feminines Image. »Sie hat sie vom Madras-Erdmutter-Einfluss Nancy Gurleys befreit«, meinte ihre Schwester Laura. Ähnlich war die Wohnung eingerichtet, in der eine Wand ausschließlich Fotos von Janis zierten, darunter das berühmt gewordene Poster von Bob Seideman. Der Stilwechsel war so erfolgreich, dass Janis schon kurz darauf von Starfotografen wie Avedon für ›Vogue‹ und Scavullo für ›Harper's Bazaar‹ fotografiert wurde.

Janis schätzte durchaus den Stil der Hippie-Mode, blieb im Grunde genommen aber immer ein Beatnik und stand der alles umarmenden und bewusstseinserweiternden Lebensweise der Hippies argwöhnisch gegenüber. Ironischerweise stieg sie trotzdem zur ersten weiblichen Ikone der Bewegung auf. Dieser Widerspruch funktionierte, weil ihre praktizierte freie Liebe und offene Kommunikation mit den Ansichten des Publikums übereinstimmten. Das zeigte sich auch auf dem traditionellen Monterey Jazz Festival vom 15. bis 17. September, bei dem sich Janis im

Ich bin als Beatnik ins Leben gegangen, ich wollte das tun, was ich für richtig hielt. Beatniks lehnen die Gesellschaft ab und sind enttäuscht von der Welt. Sie glauben nicht, dass die Dinge besser werden. Also sagen sie »zur Hölle damit« und dröhnen sich einfach zu. Ich bin nicht die Sprecherin meiner Generation. Ich nehme nicht mal Acid. Ich trinke.

Janis Joplin, 1967

Gegensatz zum drei Monate zurückliegenden Rockereignis mit anerkannten Bluesgrößen wie B. B. King und Big Joe Turner messen musste. Auch hier gelang es Janis und Big Brother, das eher konservative und ältere Publikum mit ihrem elektrifizierten Psychedelic-Blues so zu begeistern, dass es zum Schluss eine Polonaise aufführte. »In der zehnjährigen Geschichte des Festivals ist so etwas noch nie passiert«, schwärmte Ralph J. Gleason im ›Rolling Stone‹.

Zu jener Zeit bestimmte eine neue – ausschließlich weibliche – Clique das Leben von Janis. Die »Capricorn Ladies« – weil sie alle im Sternzeichen Steinbock geboren waren – machten mit ihren selbstbewussten und teils recht unverschämten Auftritten die Kneipenszene von Haight-Ashbury unsicher. Neben Linda und Pat »Sunshine« Nichols gehörten auch Suzy Perry dazu, die Freundin des Poster-Künstlers Stanley Mouse, sowie Leonore Kandel, eine Hippie-Lyrikerin, die damals mit ihrem ›Love Book‹ für Furore sorgte. Zu Janis' männlichen Begleitern gehörten der Schauspieler Howard Hesseman, Mitglied des satirischen Kabaretts The Committee, und der Radio-DJ Milan Melvin, der ihr sogar einen Heiratsantrag machte. Beide schwärmten von ihrer Figur, ihrem Humor und beschrieben sie als seelisch zerbrechlich.

Manager Julius Kaplan erwies sich zusehends als Karrierebremser und die Probleme mit ihm eskalierten. Wieder einmal musste Janis selbst tätig werden, um einen lukrativen Auftritt mit Jefferson Airplane und den Grateful Dead in der Hollywood Bowl in Los Angeles zu retten. Bevor sie sich vom »grünen Julius« friedlich trennten,

›**Rolling Stone**‹, vierzehntägig erscheinende Zeitschrift der Gegenkultur, 1967 von Jann Wenner und Ralph J. Gleason in San Francisco gegründet, wurde bald zur Bibel der Rockmusik. Mit dem Umzug nach New York 1977 passten sich die vermeintlichen Gralshüter der »guten Rockmusik« dem Werbegeschmack der Leute in der Madison Avenue an. Seit November 1994 existiert auch eine teils eigenständige deutsche Ausgabe.

nahm dieser nochmals Kontakt zu Albert Grossman auf, der sofort aus New York anreiste, um über einen Vertrag zu verhandeln, der jedoch erst im November desselben Jahres zustande kam. Clive Davis bot Big Brother glatte 75 000 Dollar Ablöse an, damit sie sich von Mainstream loskaufen konnten, obwohl er normalerweise für eine Newcomer-Band nicht über 10 000 ging. Nach dem Monterey-Erfolg der Band pokerte Mainstream die Ablöse auf 275 000 Dollar hoch, eine für damals geradezu astronomische Summe, die Grossman jedoch akzeptierte, damit Bob Shad keine weiteren Beteiligungen an zukünftigen Alben einklagen konnte.

Grossman war eine schillernde Figur und bekam für seine Dienste nicht weniger als 25 Prozent aller Einnahmen seiner Künstler, weshalb sich Bob Dylan und auch Peter, Paul & Mary später von seiner Agentur trennten. Gleichzeitig bot Grossman der Band die jährliche und seinerzeit gigantische Garantiesumme von 100 000 Dollar, weil er felsenfest an Janis glaubte. Dementsprechend stiegen die Honorare der Band um das gut Zehnfache für einen Abend, die bis dahin für eine Woche im Fillmore oder Avalon 250 Dollar pauschal bekam. Das Gehalt von Roadie Dave Richards stieg von 25 Dollar auf wöchentlich 125. Die Problemklausel bezog sich auf Heroin, weil Grossmans erste Frau davon abhängig war. Er selbst war Marihuana und anderen Dingen nicht abgeneigt. Doch zu diesem Zeitpunkt waren bereits drei der Bandmitglieder auf dem besten Wege, Junkies zu werden: James Gurley, Sam Andrew und leider auch Janis. Die Band erlebte die Vertragsunterzeichnung im November wie in Trance:

Jefferson Airplane, 1965 von Folksänger Martin Balin gegründet, war mit der Frontsängerin Grace Slick die erfolgreichste San-Francisco-Band der sechziger Jahre. Sie hatten einen hoch dotierten Plattenvertrag und ebensolche Gagen, mit dem Matrix einen eigenen Musikclub, die erste Lightshow und päter mit Grunt ein eigenes Plattenlabel. Ihre Texte – verschlüsselte Liebes- und Drogenbotschaften, politische und aktuelle Themen von Raumfahrt bis zur Medientheorie – von Marshall McLuhan sprachen ein junges Erwachsenen-

»Wir waren völlig aufgedreht bei dem Gedanken, dass Albert uns managen würde, unseren jämmerlichen Haufen«, erklärte Dave Getz später.

Grossman hatte zwei Spitznamen, »Albert der Bär« und »Albert die Wolke«. Für Janis war er nur »Onkel Albert«. Laut Nick Gravenites war die Wolke »groß, grau und erhaben, und wenn man sie berühren wollte, war sie nicht da«. Von Anfang an war klar, dass Grossmans Interesse vor allem Janis Joplin galt und er bereits an eine Trennung von Big Brother dachte, was für sie zum damaligen Zeitpunkt nicht in Frage kam. Laut Gravenites hatte ihr Grossman angeboten, »eine Viertelmillion Dollar herauszuholen, aber nur für dich«. Finanziell waren sie bei ihm auf der sicheren Seite, aber künstlerisch waren sie mit ihm schlecht beraten, was sich bei der Produktion des neuen Albums schnell herausstellen sollte.

Weihnachten 1967 kehrte Janis nach Port Arthur zurück, um mit ihrer Familie zu feiern. Auf einer großen Party in Beaumont traf sie sich auch mit ihren alten Freunden. Zurück in San Francisco stellte sie fest, dass sie schwanger war.

publikum an. 1967 hatten sie zwei Riesenhits mit ›Somebody To Love‹ und ›White Rabbit‹. 1985 reformierte Slick die Band unter dem Namen Starship und landete mit ›We Built This City‹ einen Nr.-1-Hit.

Big Brother & The Holding Company: ›Cheap Thrills‹

Vielleicht klingt Janis auf ›Cheap Thrills‹ so überzeugend, weil die Produktion ein einziger bluesiger Leidensweg war. Produzent John Simon, ein Jazzpianist klassischer Schule, verwarf nach einem Fehlschlag in Detroit die ursprüngliche Idee, ein Live-Album mitzuschneiden. Im März 1968 begannen in New York wochenlange Studioarbeiten, von Konzertterminen der völlig entnervten Band unterbrochen. Die Live-Atmosphäre wurde im Studio künstlich erstellt. (Das hinreißende Live-Pendant dazu erschien zwei Dekaden später mit der CD ›Live At Winterland '68‹ – ein Mitschnitt in Bill Grahams Winterland.)

Der Song ›Combination Of The Two‹ von Gitarrist Sam Andrew ist eine Charakterstudie der beiden wichtigsten Szene-Figuren in San Francisco Mitte der Sechziger: Chet Helms und Bill Graham. Dessen persönliche Bühnenansage »Ladys and gentlemen, Big Brother And The Holding Company« wurde nachträglich eingefügt. Ein hochenergetischer Anheizer als Einstieg mit Janis in allen Facetten. Das trifft auch auf ihr ›I Need A Man To Love‹ zu, mit Sam verfasst, mal heiser flehend, dann zornig, explosiv und ungeduldig. ›Summertime‹ aus George Gershwins Oper ›Porgy and Bess‹ lebt von Sams pseudobarockem Arrangement und einem Bach-inspirierten Gitarren-Intro. Janis interpretiert die Broadwaymelodie unsentimental und überzeugend entstaubt mit lautmalerischen, langsamen Phrasierungen. Sam dazu: »James und ich hatten Angst, wir könnten diese Sachen auf Tournee gar nicht live spielen ... Diesen Teil am Ende des Solos, wo wir A-Dur und a-Moll spielen. Das muss total sauber kommen … Schließlich konnten wir es sogar noch schneller als auf Platte spielen.«

›Piece Of My Heart‹ ist eines von Janis' Paradestücken, bei dem sie sich die Seele aus dem Leib singt. Im Kontrast dazu steht der verhaltene ›Turtle Blues‹, den sie in Port Arthur als verlassene Braut schrieb, die sich wie eine Schildkröte in ihren Panzer zurückzog. »Ich habe versucht, knallhart aufzutreten, und niemand hat gemerkt, dass ich's nicht war.« Zu diesem Bar-Blues im Stil von Bessie Smith lieferte der Produzent ein Traumpiano, die Gitarre greift das Motiv auf. Das Gläserklirren und Händeklatschen kam von Eric Clapton und Freunden im Studio. ›Oh, Sweet Mary‹ ist ein typisches Acid-Stück aus San Francisco mit tranceartigen, angetörnten Tempiwechseln bis zur Tour de Force. ›Ball and Chain‹ von Big Mama Thornton, mit dem Janis den Durchbruch in Monterey schaffte, ist die einzige echte Live-Aufnahme auf diesem Album, im Winterland von San Francisco mitgeschnitten. Bei ihren ekstatischen Ausbrüchen zerlegt und atomisiert Janis die einzelnen Vokale und Silben so, wie Jimi Hendrix Gitarre spielte.

Das Album blieb acht Wochen lang auf Platz eins und insgesamt 66 Wochen in den US-Charts. Einige Kritikerstimmen:

»Die Steigerung der Gruppe ist merklich, die Live-Qualität ist voll da, es zaubert augenblicklich ein geistiges Bild von Janis in Aktion herbei.«

Anne Fisher in ›Village Voice‹

»Eine echte Enttäuschung!«

›Rolling Stone‹, 1968

»Es gibt die unerwartete Düsterheit der Band genauso wieder wie ihren wilden Überschwang und bleibt eine der eindrucksvollsten Rock 'n' Roll-Aufnahmen der Sechziger.«

›Rolling Stone‹, 1987

Janis rennt – Cheap Thrills in New York

Kurz nach ihrem 25. Geburtstag ließ Janis eine Abtreibung in Mexiko vornehmen und litt nach dem verpfuschten Eingriff sowohl körperlich als auch seelisch. »Es war ganz falsch! Es war eine Sünde!«, erklärte sie Linda Gravenites. Obwohl sie sich kaum auf den Beinen halten konnte, legte sie mit professioneller Härte kurz darauf in Los Angeles vor einem großen Publikum eine mitreißende Show hin.

Albert Grossman heuerte Anfang 1968 die agile, junge Presseagentin Myra Friedman eigens für Janis und Big Brother an, die ihre liebe Not mit Janis' eigenständigen Entscheidungen hatte. Bei einem Treffen der Band mit Grossman im Februar ging es um das Image der Gruppe, die zu Recht befürchtete, dass man Janis groß herausstellen wollte. Grossman versuchte nicht nur, die Pressearbeit für die Band zu optimieren, er stellte auch John Cooke als Roadmanager ein, der für entsprechende Disziplin und Ordnung sorgen sollte. Der Harvard-Absolvent war ein enger Freund von Bob Neuwirth, der als Roadmanager und Kindermädchen für Bob Dylan, The Band und Jim Morrison tätig war. Auf dieses Novum in der Rockszene reagierten die antiautoritären Big Brother anfangs geradezu paranoid und nannten Cooke wegen seiner Strenge »Road-Nazi«, doch bald schätzten sie seine Hilfe in allen brisanten Lebenslagen. Bei ihren New-

---

So stark ich mich von ihrem Magnetismus angezogen fühlte, so nachhaltig war ich auch von dem qualvollen Flehen in ihren Augen beeindruckt. Irgendetwas an ihr hatte meine eigene Ruhelosigkeit auf unangenehme Weise geweckt, so dass ich ihre Nerven zu spüren glaubte, die Funken sprühten und knisterten wie freiliegende, Strom führende Drähte. Gleichzeitig verspürte ich bei mir die Reaktion des Beschützenwollens, die ich mir nicht erklären konnte. *Janis' Presseagentin Myra Friedman*

York-Aufenthalten war der eloquente Cooke von unschätzbarer Hilfe für die langhaarigen Hippies, denn im Gegensatz zur Westküste herrschte dort noch eine feindselige Stimmung Rockmusikern gegenüber. Für Paradiesvögel wie Janis und Big Brother war die Stadt ein echter Kulturschock. Der Plattenproduzent Elliot Mazer meinte, Janis sei damals sogar auf der Lower East Side ein Freak gewesen, »und die erste Frau, die mit einer Federboa in ein Restaurant ging, sich an einen Tisch setzte und ›Fuck you!‹ zu einem unhöflichen Kellner sagte«.

Das New Yorker Konzertdebüt fand am 17. Februar im Anderson Theatre statt. Janis und ihre Band wohnten im legendären Künstlerhotel Chelsea und Janis verewigte sich an der Zimmerwand auf ihre Weise mit dem Spruch:

»Ich bin das größte Sexobjekt der Welt.« Um die Ecke lag das legendäre Lokal Max' Kansas City, in dem Andy Warhol und seine Clique regelmäßig Hof hielten. Nach einer kurzen Probe stürzte sich Janis in ihr Lieblingsvergnügen und ging ausgiebig Shoppen. Als sie erfuhr, dass ausgerechnet B. B. King, eines ihrer großen Idole, das Vorprogramm bestreiten sollte, packte sie plötzlich das Lampenfieber. »Wir sind doch

27 Beim Konzert im Anderson Theatre, New York

nur ein gammeliger Haufen von Straßenfreaks«, erklärte sie Grossman. Joshua White, der das Anderson betrieb, erinnert sich, dass Janis höllische Angst vor ihrem Auftritt hatte und bezweifelte, ob sie schon für New York reif sei. Wie immer rannte sie im Eilschritt auf die Bühne, drehte eine atemlose Runde, legte dann mit ›Catch Me Daddy‹ los und nahm den Saal buchstäblich auseinander. »Ich zisch los«, so Janis, »damit mein Blut bumm-pabumm-pabumm-pabumm macht, bis ich am Mikrofon bin.«

Janis eroberte an diesem Abend auch New York im Sturm, die ›New York Times‹ titelte: »Janis Joplins märchenhafter Aufstieg ans Rock-Firmament.« Der Kulturaufmacher von Robert Shelton war eine einzige Eloge: »Miss Joplin ist das bemerkenswerteste Talent der letzten Jahre. Nur die Tatsache, dass sie bislang über San Francisco nicht hinausgekommen war und ihre erste Platte ihre Fähigkeiten nicht widerspiegelt, erklärt, warum sie nicht schon vor Monaten zu nationaler Berühmtheit gelangen konnte.« Es ging nur noch um Janis und das führte bald zu den Verfallserscheinungen innerhalb der Band, die mit der harschen Kritik an ihren musikalischen Fähigkeiten nicht zurechtkam. Erst einmal genossen jedoch alle den Überraschungserfolg, mit dem selbst Grossmans Büro nicht gerechnet hatte. Myra Friedman hatte weder Informationsmaterial noch ein Pressefoto für die begeisterten Journalisten parat, zur Freude der damals unbekannten Fotografin Linda Eastman und späteren Ehefrau von

B. B. King (Riley B. King), 1925 auf einer Farm in Mississippi geboren, brachte sich seine beschwingte Vibrato-Gitarrentechnik selbst bei und gilt nicht nur auf seiner geliebten Gibson-Gitarre »Lucille« als bester Blues-Gitarrist der Welt mit einer magischen Stimme. Er war 34-mal in den Popcharts vertreten, wurde mit acht Grammies ausgezeichnet, erhielt einen Ehrendoktor und in seiner Wahlheimat Memphis einen eigenen Feiertag. Er schrieb Songs wie ›Rock Me Baby‹, ›The Thrill Is Gone‹ und den Titelsong zur US-Komödie ›Kopfüber in die Nacht‹ 1985. Für U2 komponierte er ›Joe Cool‹ und ist in deren 89er-Hit ›When Love Comes To Town‹ zu hören, arbeitete mit Van Morrison, Eric Clapton und den Rolling Stones.

Paul McCartney, die ein Portrait von Janis für ein kleines Szene-Blättchen geschossen hatte. Bezeichnend aber war, wie Janis den Abend nach ihrem großen Triumph verbrachte: mutterseelenallein in einer Spelunke auf der Second Avenue, wo sie der Journalist Neil Louison vom ›Crawdaddy Magazine‹ verwundert sichtete. Die Bandjungs, offenbar sauer wegen der großen Aufmerksamkeit, die Janis erregte, waren mit ein paar Groupies zu einer Party abgehauen. Im coolen New York war Janis von all ihren Freunden getrennt und fühlte sich zusehends einsam, während die Band fröhlich drauflosfeierte. Eines Abends beklagte sie sich in einem italienischen Restaurant darüber und schickte einen jungen Kerl namens Mark auf die Straße, der ihr den nächstbesten, gut aussehenden jungen Mann bringen sollte. Mark kehrte mit einem netten Langhaarigen zurück, der Janis auf der Stelle gefiel. Sie stellte sich vor und wollte seinen Namen wissen. »Eric Clapton«, meinte er. Damit war der Abend gerettet.

Zwei Tage nach dem New Yorker Konzertdebüt stand der Plattenvertrag mit Columbia endgültig und Janis und ihre Band stellten sich in einem griechischen Restaurant namens Piraeus, My Love in der 57. Straße der Presse. Ein unglaublicher Medienrummel setzte ein, unvorstellbar für eine neue Band, die noch keinen Hit, nicht mal ein repräsentatives Album vorzuweisen hatte. Janis genoss die Aufmerksamkeit, meinte aber zu Myra Friedman: »Ich weiß nicht, was das alles soll, ich bin kein Star!« Mit dem lukrativen Plattenvertrag begann auch die gnadenlose Demontage von Big Brother. In New York war man das wilde Drauflosspielen ohne handwerkliche Virtuosität nicht

---

Linda Eastman (1941–1998), Ehefrau von Paul McCartney, arbeitete ab Mitte der sechziger Jahre in New York als Rockfotografin und war mit vielen ihrer Konterfeis wie The Who, Jim Morrison und Jimi Hendrix befreundet. Nach ihrer Heirat 1969 wurde sie Keyboarderin in McCartneys neuer Band The Wings, der den Song ›Lovely Linda‹ für sie komponierte. Die überzeugte Umweltschützerin und Vegetarierin veröffentlichte zahlreiche Kochbücher, Kalender, Fotobände und starb 1998 an Krebs.

gewohnt, Rockmusiker wurden an Jazz- oder Unterhal-
tungskünstlern wie Perry Como gemessen. Und als eine
der unglücklichsten Entscheidungen von Grossman stellte sich die Wahl von John Simon als Produzent heraus.
Dem Jazzpianisten mit klassischer Ausbildung war diese
neue Art von psychedelischer Rockmusik völlig fremd,
bei der es weniger um saubere Noten und professionelles
Handwerk als um Kommunikation und Feeling, Experi-
mentierlust, Intuition und musikalische Bewusstseinserweiterung von weitgehend musikalischen Amateuren ging.
Für ihn waren die Bandmusiker allesamt disziplinlose Di-
lettanten, die sein geschultes Gehör beleidigten, und diese Geringschätzung wirkte sich demoralisierend auf die
Gruppe aus.

Weil alle der Meinung waren, die Band würde am besten live rüberkommen, unternahm John Simon am 1. März
den Versuch, einen Auftritt im Grande Ballroom in Detroit mitzuschneiden. Doch Detroit war eine Hochburg
der Gruppe MC5, die an beiden Abenden die Show eröffnete, und damit hatten Janis und ihre Band eigentlich
keine Chance mehr. Die Instrumente der Band waren zudem so übersteuert, dass die Technik schlichtweg versag-
te. Janis war über die Qualität der Aufnahmen so enttäuscht, dass sie bei einem anschließenden Barbesuch auf
einen Schlag fünf Drinks bestellte und meinte: »Ich seh
alt aus, nicht wahr?«

Danach verwarf Columbia die Idee, das Album live
einzuspielen, und buchte ein Studio in New York, wobei

Alle Anzeichen sprechen dafür, dass ich reich & berühmt werde.
Unglaublich! Alle möglichen Zeitschriften wollen Interviews mit
& Fotos von mir machen. Ich werde alles zusagen. Wow, ich
hab' so ein Glück – hab' nur als verwirrtes Kind (& junge Er-
wachsene) ein bisschen rumprobiert, & dann bin ich hier reinge-
raten. Und endlich sieht es so aus, als würde was für mich klap-
pen. Unglaublich.

Also, hängt die Kritik auf, damit jeder sie sehen kann – ich bin
so stolz.

Alles Liebe, Janis

Brief vom 20. Februar 1968 an ihre Mutter

die Plattenaufnahmen immer wieder durch einen anstrengenden Tourneeplan unterbrochen wurden.

Elliot Mazer entdeckte während der Liveaufnahmen in Detroit, dass die Bandmitglieder Heroin konsumierten, und informierte Grossman. Der sagte alle Termine der Band fürs Wochenende ab und zitierte sie zu sich nach Hause in Woodstock, um ihr gehörig den Kopf zurechtzusetzen. Warum ein Entziehungsversuch von Janis bei ihrer Freundin Linda Gottfried Wauldron in Santa Cruz scheiterte, erklärte sie so: »Du kannst nicht Joghurt essen und den Blues singen.« Wie viele weiße Musiker, die sich dem Blues oder Jazz verschrieben, saß auch Janis dem Mythos auf, man müsse sich wie eine Billie Holiday ruinieren, um authentisch zu sein.

Bevor die Studioaufnahmen begannen, spielte die Band am 8. März als Hauptattraktion zur Eröffnung von Bill Grahams neuem Musikpalast in New York, dem Fillmore East, und firmierte auf den Plakaten erstmals als »Janis Joplin & The Big Brother«. Die Leute standen Schlange und das Grossman-Büro wurde von der Presse geradezu gestürmt. In den beiden New Yorker Studiowochen stellten Big Brother nur drei Songs fertig, danach gingen die Aufnahmen über einen Monat lang in Los Angeles weiter. Die Vorstellungen von einer perfekten Rockplatte divergier-

> Als sie eine Berühmtheit wurde, setzte sie sich emotional von uns ab, verlangte aber gleichzeitig, dass jeder, der für sie arbeitete, ob Musiker oder Roadie, nach ihrer Pfeife tanzen sollte. Wir empfanden das als einen ziemlichen Machtmissbrauch. Natürlich waren wir auch alle irgendwie auf dem Ego-Trip.
>
> *Gitarrist James Gurley*

ten extrem, für Simon war eine Beatles-Aufnahme die Norm, für die Band zählte künstlerische Freiheit und Spontaneität. Janis saß zwischen den Stühlen und bekam den ganzen Ärger von beiden Seiten ab. Simon ließ Janis spüren, dass er sie nicht attraktiv fand, obwohl es ihn rührte, als sie ihn bat, in ihrem Stück ›Turtle Blues‹ das Piano zu spielen.

Für Janis waren es zermürbende Wochen, die Band verpatzte ihre Einsätze regelmäßig, wodurch sie gezwungen war, gesanglich das Letzte zu geben. Weil ihnen die Studioatmosphäre zu steril und fremd war, kam die Band auf die Idee, das Studio zu einer Live-Bühne inklusive PA-Anlage umzurüsten. Elliot Mazer nach war Janis als Erste im Studio und ging als Letzte. »Sie wollte die Kontrolle. Während ein Gitarrenpart eingespielt wurde, saß sie im Kontrollraum, bastelte Perlenketten, stellte Fragen, hörte zu.« Die gespannte und oft aggressive Stimmung im Studio hat der Filmemacher D. A. Pennebaker eingefangen, der bei etlichen Sessions zugegen war und ein Portrait von Janis im Stil seines Bob-Dylan-Films ›Don't Look Back‹ plante. Simon, nur drei Jahre älter als Janis, merkte sehr schnell, dass Janis der eigentliche Boss der Band war und mit einem klaren Gesangskonzept arbeitete. Für die Plat-

◄ 28 Die Joshua Light Show
im Fillmore East 1968

tenaufnahmen hatte sie gewisse Phrasierungen und Effekte genau einstudiert und konnte sie auf Abruf geradezu identisch wiederholen, so wie sie auch mühelos die unterschiedlichsten Sängerinnen von Bessie Smith bis Tina Turner imitieren konnte und große Freude daran hatte, neue Klangeffekte in ihr Gesangsrepertoire mit aufzunehmen. Janis meinte einmal, dass sie drei grundverschiedene Stimmlagen beherrsche: das Schreien, die tiefe, emotionale und die schrille. Ihre Mutter wollte, dass sie die melodische, tiefe, »schöne« kultivieren sollte, woraufhin Janis gesagt haben soll, die würde sie dann einsetzen, wenn sie in Las Vegas enden sollte.

›Ball and Chain‹, im Winterland von San Francisco mitgeschnitten und leicht nachbearbeitet, ist die einzige echte Liveaufnahme auf dem Album. Am Schluss kam Columbia auf die eher alberne Idee, die sterilen Studioaufnahmen mit einer künstlich hergestellten Live-Situation aufzupeppen, sprich, die Mitarbeiter der Plattenfirma mühten sich mit Klatschen und Zwischenrufen redlich ab, eine Konzertatmosphäre zu schaffen, die zugemischt wurde. Simon war bis zur Endabmischung in Los Angeles bereits ausgestiegen und auf dem Cover nicht in seiner Funktion als Produzent, sondern lediglich als Pianist genannt. Er war für das neue Album von The Band verpflichtet, die Zeit drängte, also sprang Mazer für eine neue Abmischung ein. Der tüftelte noch an der Reihenfolge für die zweite Seite der LP herum, als Clive Davis bekannt gab, das Album sei bereits vergoldet und müsse dringend in die Läden. In einem Studiomarathon von 36 Stunden machte sich die ganze Band an die Endabmischung.

Ich habe gerade ein völlig irres Hundegeheul gehört.
Janis Joplin über einen neu entdeckten Gesangseffekt

29   Der Porsche ▶

Während der Plattenaufnahmen zu ›Cheap Thrills‹ absolvierten Janis und Big Brother ein einwöchiges Engagement im New Yorker East Village in einem Club namens Generation, bei dem es zu den ersten offenen Auseinandersetzungen zwischen Sängerin und Band kam. Der Roadie Dave Richards meinte, sie habe damals vor allem unter Librium gestanden, das ihr, so Linda Gravenites, »dieser Wichser« Danny Rifkin aus Chicago besorgt hatte, einer jener krank aussehenden Junkies, für die Janis eine Vorliebe zeigte. Damals kam es auch zu jenem Zwischenfall auf einer Party, bei der Jim Morrison durchdrehte und Janis' Gesicht mehrmals mit voller Wucht auf den Tisch knallte. Sie verbarrikadierte sich daraufhin heulend im Badezimmer. Als Hesseman versuchte, sie zu beruhigen, und erklärte. Jim hätte das Feld geräumt, stürmte sie mit ihrer Whiskyflasche heraus, holte Jim auf dem Parkplatz ein und schlug ihn damit nieder.

Mit dem Erfolg kam auch das Geld. Im April nahm sich Janis mit Linda Gravenites in San Francisco in einer alten viktorianischen Villa eine Vierzimmerwohnung im Stadtteil Mission unweit von Haight-Ashbury. Inmitten dieses orientalischen Interieurs aus Samt und Seide thronte eine meterhohe Penisstatue, von Janis »Gabriel« genannt. Ein Statussymbol wurde auch ihr gebrauchtes 1965er Porsche-Cabriolet, das der Big-Brother-Roadie und Kunst-

maler David Richards zu einem psychedelischen Comic-Kunstwerk verzierte. Für Janis war eine weitere Genugtuung, ein Symbol der Reichen und Schönen in deren Augen zu verunstalten.

Nach dem Mord am 4. April 1968 an Martin Luther King gaben Big Brother & The Holding Company und andere Bands in New York ein Benefizkonzert zugunsten der schwarzen Bürgerrechtsbewegung. Janis geriet angesichts der veränderten politischen Lage zwischen alle Fronten. Sie, die immer eine »weiße Schwarze« sein wollte und sich gegen Rassendiskriminierung aussprach, hatte auch viele schwarze Fans, die sich jedoch in Zeiten strenger Polarisierung von ihr abwandten. Inzwischen sah man es als Verrat an, dass eine Weiße sich anmaßte, den Blues, das musikalische Symbol der Unterdrückung Schwarzer, zu singen. Die Weißen wiederum stempelten sie wie seinerzeit in Port Arthur zur gefährlichen »Nigger«-Anhängerin ab und warfen sie in einen Topf mit schwarzen Aktivisten. Dabei war und blieb Janis eine unpolitische Person, auch wenn sie an einer Wahlveranstaltung von Robert Kennedy teilnahm, der kurze Zeit später ebenfalls einem Attentat zum Opfer fiel. Zwei Monate nach seinem Tod kam es in Chicago während des Parteitages der Demokraten zu blutigen Straßenschlachten. Auch die San-Francisco-Szene bekam das veränderte politische Klima zu spüren, denn es begann eine regelrechte Volksverhetzung gegen diese »liberalen Bastarde«.

Janis hatte im Frühjahr 1968 wieder angefangen, Heroin zu spritzen, wenn auch nicht regelmäßig, aber offenbar genug, denn im Juli überlebte sie nur knapp eine Überdo-

Dr. Martin Luther King Jr. (1929–1968), politischer Vorkämpfer und Anführer im gewaltfreien Kampf um die Gleichberechtigung der Schwarzen. Ihm folgten am 28. Juni 1963 beim historischen Marsch nach Washington über 250 000 Menschen, wo er seine legendäre Rede mit den Worten hielt: »Ich habe einen Traum …« 1964 erhielt er den Friedensnobelpreis. King wurde am 4. April 1968 angeblich von einem weißen Attentäter in Memphis, Tennessee erschossen. 1999 kam ein Gericht in Memphis zum Schluss, es habe

> Janis wollte es wie Aretha oder Otis machen, aber bevor wir über-
> haupt das Repertoire beherrscht haben, spielten wir schon vor
> einem Publikum, das zu den anspruchsvollsten im Land gehört,
> unseren Helden von Stax ... Es war beängstigend, den Blues für
> Schwarze zu spielen ... Wie konnten wir es nur wagen, da hoch-
> zugehen und deren Musik zu spielen?
>
> *Gitarrist Sam Andrew heute*

sis. »Nur wenn ich Heroin gespritzt habe, habe ich mich
so kuschelig, geschützt, stark oder bemuttert gefühlt«, erklärte sie einem Roadie der Band. Linda Gravenites und
»Sunshine« hatten sie mit der damals üblichen Therapie
in einem kalten Wasserbad wieder ins Diesseits zurück-
geholt. Offenbar lernte Janis nicht daraus, denn solche
dramatischen Zwischenfälle sollten sich wiederholen, zumal sich zwischen Janis und »Sunshine« eine verhängnis-
volle Co-Abhängigkeit entwickelt hatte. Für Linda, die
wiederum jede Art von Drogen hasste, wurde es jedoch
zu einer echten Belastung.

Am 27. Juli wurde ein Traum für Janis wahr, als Big
Brother beim Newport Folk Festival auftreten durfte. Für
sie war das eine große Ehre, denn Newport war für sie
schon während ihrer Schulzeit der Inbegriff guter Musik.
Nach dem Newport-Auftritt kanzelte Jon Landau im
›Rolling Stone‹ die Band ein weiteres Mal ab. »Ihre melo-
dramatische Darbietungsweise, ihre Übertreibung und
Ungehobeltheit sind keine Vorzüge. Es gibt deutliche Anzeichen für einen Mangel an Können und an Sicherheit
im Umgang mit ihrem musikalischen Material.« Damit
wurde eine monatelange Hetzkampagne gegen Big

sich um ein Komplott der Mafia
und der US-Regierung gehandelt. An seiner Beerdigung nahmen etwa 100 000 Menschen
teil. 1986 erklärte man seinen
Geburtstag, den 15. Januar, zu
einem nationalen Feiertag in
den USA.

Brother eröffnet, die ihren Höhepunkt nach Veröffentlichung der LP ›Cheap Thrills‹ finden sollte.

Der ursprüngliche Titel lautete übrigens ›Sex, Dope and Cheap Thrills‹ und war der New Yorker Plattenfirma Columbia natürlich viel zu deftig. Ein bisschen davon rettete jedoch der Comic-Zeichner Robert Crumb auf das wunderbar schrille, ironische Plattencover hinüber. Auf kleinen, kreisförmig angeordneten Bildchen waren die Musiker und Songs wie in einem Comicstrip dokumentiert. Der damals schon berühmte Crumb hatte den Auftrag nur angenommen, weil ihn vor allem Janis' Brüste so faszinierten, die er auch entsprechend hervorhob. In seinen Zeichnungen wirkt sie wie eine abgetakelte Rock-Schlampe, ganz im Gegensatz zu der unschuldigen, fast kindlichen Ausstrahlung auf dem Foto der Rückseite. Es war eine kluge Entscheidung, die Fotoidee der Plattenfirma zu verwerfen, die Janis samt Band zusammen in einem Lotterbett in einer Hippie-Bruchbude zeigen sollte, nach dem Motto: freie Liebe in der Musikerkommune. Keiner wunderte sich damals über den Button rechts unten in der Ecke des Covers mit dem Hinweis »Approved by Hell's Angels Frisco« und deren Schriftzug. Die Kombination aus vermeintlich authentischem Live-Album aus dem Fillmore, verbrämt mit einem Crumb-Underground-Cartoon, und dem Segen der Hell's Angels machte das Album für San Francisco einen Namen.

> Das Problem mit den Angels ist für mich, dass sie als Freunde einfach nur ganz normale Menschen sind. Aber der Club selbst ist absolut rücksichtslos. Meine Chemie läuft eben anders ab.
>
> *Janis gegenüber David Dalton*

Robert Crumb, 1947 in Philadelphia geboren, machte sich Mitte der sechziger Jahre mit den drallen, derben Underground-Comics ›Zap‹ und ›Snatch‹ über Bewusstseinserweiterung, Drogen, Kritik an sozialen Missständen und ausschweifenden Sexphantasien in San Francisco einen Namen. Werke des Erfinders von ›Mr. Natural‹, ›Fritz The Cat‹ und ›Weirdo‹ werden unter anderem im Museum of Modern Art in New York ausgestellt und er bekam 1999 für sein Lebenswerk den Preis des Comic-Festivals in Angouleme.

viele zu einem Stück echtem Kunstwerk made in Haight-Ashbury.

Die LP ging nach der Veröffentlichung Ende August innerhalb eines Monats eine Million Mal über die Ladentheke, landete auf Anhieb auf Platz eins der LP-Charts und hielt sich dort acht Wochen lang, während die Single ›Piece of my Heart‹ auf Platz 12 der Singles-Charts stieg. Die Presse jedoch goss Gülle über die neuen Stars. Der ›Rolling Stone‹ kanzelte das Album als »einen netten Abklatsch der San-Francisco-Szene in ihrer ganzen lauten, aufregenden und schlampigen Herrlichkeit« ab, eine Zeitschrift behauptete gar: »Janis Joplin hat eine gute Stimme, aber sie kann nicht singen.« Die Janis wohlgesonnene ›New York Times‹ stellte fest, dass »wirklich jedes Stück auf der Platte falsch« klinge, wobei nicht die Band, sondern Janis persönlich gemeint war.

Die teils harsche Presse von einflussreichen Rockjournalisten erwies sich jedoch als historischer Irrtum, der später von vielen Leuten korrigiert wurde. Selbst der ›Rolling Stone‹ revidierte gut 20 Jahre später seine Meinung und nahm ›Cheap Thrills‹ in seine Liste der 50 besten Alben der vergangenen 20 Jahre auf. Aber 1968 wurden die Musiker von Big Brother & The Holding Company Opfer dieser Schlammschlacht. Eine Kritik im ›Rolling Stone‹, der die einstigen Hätschelkinder der San-Francisco-Szene abkanzelte, vor allem den Gitarristen James Gurley, goss noch zusätzlich Öl ins lodernde Feuer: »Big Brother ist nichts anderes als eine elende und lahme Gruppe von Pennern, die von ihr [Janis] aus unerklärlichen Gründen ausgehalten wird.«

Sie war in etwa die cleverste Künstlerin, mit der ich gearbeitet habe. Sie war stolz auf ihren Gesang, und sie sang den Text, die Aussage, und baute eine Art auf, es zu tun, die sehr bewegend war. Es war diese unglaublich wirkungsvolle Kombination von Intellekt und spontanem Empfinden. Sie hat eine Magie, die nur wenige Menschen erzeugen können.

Produzent Elliot Mazer

Die Trennung der Band von Janis war damit schon vorprogrammiert und von Grossman gewollt, auch wenn
Myra Friedman das in ihrem Buch bestreitet. Aber die
Kritiken beeinflussten Janis' Meinung noch mehr, dass
sie sich von der Band trennen müsste, die keine Anstal-
ten machte, an einer musikalischen Weiterentwicklung
zu arbeiten, um die Defizite im Studio aufzufangen. Den
Rest besorgte wohl die Aussage des befreundeten und
ebenfalls drogensüchtigen Bluesmusikers Mike Bloomfield im ›Rolling Stone‹: »Big Brother ist nur eine mise-
rable, lahme Gruppe von Typen, die sie ohne jeden
Grund mit sich herumschleppt.«

Nach dem Debakel im Studio war der Graben offenbar
unüberbrückbar geworden. Janis wollte eine musikalische

Weiterentwicklung, ein neues Repertoire erarbeiten, Bläser in die Band aufnehmen, weil ihr eine Show im Stil der Soul-Stars Otis Redding und Aretha Franklin vorschwebte.

Laut Elliot Mazer hat CBS-Boss Clive Davis eine nicht unwesentliche Rolle bei Janis' musikalischem Richtungswechsel gespielt, weil sie damals alle auf Memphis Soul standen und der Meinung waren, so etwas würde besser zu Janis' Stimme passen als der Rock 'n' Roll: »Es gab diese generelle Entscheidung, Janis in eine Art Aretha Franklin oder eine Barbra Streisand zu verwandeln.« Jedenfalls wurde kurz nach Veröffentlichung des Albums ›Cheap Thrills‹ bekannt gegeben, dass Janis und die Band sich »freundschaftlich« getrennt hätten, aber noch diverse Auftritte gemeinsam absolvieren würden. Wie verunsichert Janis nach wie vor war, was ihre Gesangskünste betraf, drückt eine Episode aus, die Myra Friedman beschrieb. Als Janis mit Big Brother im August im New Yorker Fillmore East mit den Staples Singers auftrat, seufzte sie hinter der Bühne: »Niemals werde ich so singen können wie sie«, und war vollkommen eingeschüchtert, als man sie zum Mitsingen aufforderte.

Für Janis hieß es Mitte September Abschied nehmen von den eingespielten und sicheren Familienbanden, »denn wir haben überhaupt nichts Neues mehr gemacht, und ich sang jeden Abend immer wieder die gleichen alten Songs. Schließlich sagte ich mir: ›Du hältst dich zwar für eine Sängerin, aber du bist nur eine Schauspielerin.‹« Sam Andrew war der Einzige, den sie vor einem Band-Treffen eingeweiht hatte, weil sie ihn mit in ihre neue Band nehmen wollte. Er war nicht nur ein enger Vertrauter, den sie im Niemandsland dringend nötig hatte, er hatte mehrere Songs mit ihr geschrieben. Doch auch er stand ihr nicht mehr als gleichberechtigter Musiker zur Seite, da Janis nun eine eigene Firma gründete, in der er, wie alle künftigen Musiker, lediglich Angestellter war, ein angeheuerter Begleitmusiker auf Honorarbasis. Die Kritik aus den Fanreihen und gewissen Medien beruhten jedoch hauptsächlich auf der Tatsache, dass man es damals als geradezu anmaßend empfand, wenn eine Frau, die nicht einmal ein Instrument perfekt beherrschte, musikalisch den Ton angeben wollte. Und auch das Grossman-Büro schockte sie mit dem Wunsch, dem Whisky-Hersteller Southern Comfort alle Presseberichte über ihren Schnapskonsum zukommen zu lassen, um ihn als Sponsor zu gewinnen. Für das als unfein betrachtete Verhalten wurde sie mit einem Luchsmantel im Wert von 2500 Dollar belohnt und triumphierte: »Ich bekomme auch noch Geld dafür, dass ich mich zwei Jahre lang zugedröhnt habe.«

Die Firma hieß Fantality, eine Kombination aus den Worten *fantasy* und *reality*, was Janis' widersprüchlichem Lebensmotto entsprach. Während keiner Anstoß nahm, dass etwa Jim Morrison und die Doors sich geschäftlich selbstständig und damit unabhängiger vom Einfluss der Musikindustrie machten, wurde Janis auch dieser Schritt als Frau böse angekreidet – in erster Linie natürlich von den alten Weggefährten aus San Francisco. Wieder einmal war sie Wegbereiterin und damit die Verfemte. Die Spannungen nahmen zu und bei einem Auftritt in New York mit Big Brother kam es denn auch auf der Bühne zu

Sie war wie ein Engel, der kam und einen Weg bereitete, den weiße Miezen zuvor nicht gegangen waren.
Soulsängerin Etta James

einer hässlichen Auseinandersetzung mit David. Das Ende von Big Brother war im Dezember 1968 nach dem letzten gemeinsamen und überaus schwierigen Auftritt am 1. Dezember in San Francisco bei einem Benefizkonzert für Chet Helms' Avalon besiegelt. An den Hauswänden war allerorts zu lesen: »Janis, bitte verlasse Big Brother nicht!« Das verbliebene Trio Peter Albin, David Getz und James Gurley schloss sich danach Country Joe & The Fish an. Für viele war damit eine Ära zu Ende.

In Windeseile wurde die neue Band Kozmic Blues zusammengestellt, die aus Sam Andrew, Brad Campbell, Terry Clements, Bill King, Roy Markowitz und Marcus Doubleday bestand. Das Testkonzert fand bereits am 21. Dezember 1968 in Memphis bei der so genannten Stax-Volt Convention statt, eine unglückliche Entscheidung, denn das überwiegend schwarze, blues- und soulkundige Publikum ließ die noch nicht eingespielte Truppe mit nur einem schwarzen Musiker eiskalt abblitzen. Der ›Rolling Stone‹ fasste »den Verrat« der kleinen, hässlichen Göre aus Texas, die sich nun ein bisschen zu weit vorwagte, geradezu noch gnädig und fair ab: »Janis starb in Memphis, aber es war nicht ihre Schuld«, erklärte der Journalist Stanley Booth. Endlich konnte die chauvinistische Rockszene es der »Schlampe, Tussi, Mieze« heimzahlen, die angeblich nicht nur ihre Ideale, sondern auch den Blues und den Soul verraten hatte. Es war Janis' wohl schmerzlichste Niederlage.

Trotzdem hagelte es Ende des Jahres Auszeichnungen. Janis gewann bei der Zeitschrift ›Jazz and Pop‹ den internationalen Kritikerpreis für das beste Album einer weib-

Memphis Sound, Anfang der sechziger Jahre geprägter Begriff für Soulkünstler, die auf dem Plattenlabel Stax erschienen, unter anderem Carla Thomas, Sam & Dave, Otis Redding, Booker T. & The M. G.'s.

lichen Künstlerin, als beste weibliche Popsängerin und auch den Leserpreis als beste weibliche Sängerin.

Janis, die Grossman Anfang des Jahres gebeten hatte, ihr wöchentlich nur 300 Dollar auszuzahlen, aus Angst, sie könnte eines Tages bankrott und am Ende sein, wollte noch mehr arbeiten und verdienen, obwohl alle zu einer Pause rieten. Aber Janis hatte eine neue Sucht entdeckt – die Arbeitssucht. Sie wurde zum Workaholic. Und damit auch zum traurigen, einsamen, kleinen Mädchen, wenn die Show vorbei war, oder wie ein Mitarbeiter aus dem Grossman-Büro es formulierte: »Ein Mädel, das in einem beschissenen Hotelzimmer lag mit niemandem und nichts.«

Kozmic Blues in Woodstock

Die neue Band war kein lässiger Amateurhaufen wie Big Brother und auch nicht die Ersatzfamilie, die Janis in allen Lebenslagen auffing. Sie fanden weder menschlich noch musikalisch zueinander. Janis' offenen Alkoholgenuss auf der Bühne kommentierten die Musiker lakonisch mit dem Satz, ihre Sängerin sei nicht psychedelisch, sondern allenfalls »psychoholisch«. Dabei waren die neuen Kollegen selbst schwer auf Drogen. Die Proben für die bevorstehende Tournee gestalteten sich schwierig, denn Janis besaß keinerlei Erfahrung darin, Fremden ihre musikalischen Vorstellungen auf intuitive Weise zu vermitteln und eine andere Methode war ihr fremd.

Als Hauptproblem stellte sich aber die zunehmende Ablehnung Künstlern gegenüber heraus, die versuchten, musikalisch die Rassentrennung aufzuheben. Jerry Garcia von The Grateful Dead meinte damals, Janis hätte bei der Rockmusik bleiben sollen. Er wollte mit ihr, Mickey Hart und Jack Casady von Jefferson Airplane eine Supergroup gründen, was sie jedoch ablehnte. Vor dem New-York-Debüt gab die Band etliche Testkonzerte in der Provinz, unter anderem in Rindge, New Hampshire und Boston. Eher ungünstig war es für Janis, dass die New-York-Auftritte im Fillmore East am 11. und 12. Februar zu einem riesigen Medienspektakel gerieten. Die Rockkritikerin Ellen Willis schrieb im ›New Yorker‹: »Ich hat-

Es war wohl eine Whiskeystimme, weil sie ständig nur harte Sachen trank! Sie hatte schon längst keine Stimme mehr, als sie endlich berühmt war. Und das ärgert mich! Janis hat Amerika praktisch nur mit halber Kraft um den Verstand gesungen!

Janis' Freund John Clay

te das Gefühl, ich würde meiner besten Freundin zuschauen, wie sie ihr Leben aufs Spiel setzt.« Die hohen Erwartungen der Medienleute konnte Janis unter diesen Bedingungen kaum erfüllen, obwohl sie persönlich ihr Bestes gab. Im Vorprogramm spielten The Grateful Dead, im Publikum saßen der Rockstar Frank Zappa und der Bandleader Benny Goodman mit Gemahlin.

Die Kritiken fielen positiv aus, hoben Janis' Gesang und ihre Bühnenpräsenz hervor. Peinlicherweise unterlief dem Grossman-Büro ausgerechnet mit dem einflussreichen ›Rolling Stone‹ ein gravierender Fehler, der sich bitter rächte. Dessen Kritiker Paul Nelson erhielt lediglich

31   Janis Joplin und Kozmic
Blues 1969

einen Stehplatz in der Menge und mäkelte danach, dass Janis die »July Garland des Rock 'n' Roll sei«, die selbstzufrieden nur sich selbst loben würde. Letzteres entsprach allerdings der Wahrheit, denn Janis tönte nach ihrem Auftritt hinter der Bühne, ihre Band müsse erst mal so hart wie sie arbeiten.

Zudem gab es am ersten Abend Schwierigkeiten wegen einer nicht abgesegneten Fernsehaufzeichnung für die CBS-Sendung ›60 Minutes‹, denn Brad Campbell, der Bassist aus Kanada, besaß noch keine Arbeitsgenehmigung für die USA. Der Live-Mitschnitt wurde zugunsten eines Interviews gestrichen, der Bassist vorsichtshalber auch für die Bühne bis zur Unkenntlichkeit maskiert. Die kollektive Unsicherheit der neuen Truppe übertrug sich auf Janis, die sich albernderweise dem Publikum als »Janis und die Wichser« vorstellte.

Für das zweite Konzert am darauf folgenden Abend kam Albert Grossman angereist, um die Band nach dem verunglückten Debüt zur Raison zu bringen. Gleichzeitig hatte sich ein genereller Wandel in Janis' Umfeld vollzogen, in dem selbst alte Weggefährten wie John Cooke plötzlich Superstar-Allüren an den Tag legten. Als neue Roadies waren George Ostrow und Vince Mitchell dabei, den Musikverlag übernahm Sam Gordon. »Ich wollte die Dinge systematisieren, aber Janis kam alle naselang hereingestürmt und röhrte einen ihrer verdammten Sprüche, und so lange ich sie noch nicht richtig kannte, verschanzte ich mich einfach hinter meinem Schreibtisch.« Mitte Februar wurde die Band durch den Baritonsaxofonisten Cornelius »Snooky« Flowers erweitert.

Big Brother hat die Sechziger repräsentiert ... Wir hatten Bläser und klangen mehr wie eine polierte Rhythmand-Blues-Band, und daran war man nicht gewöhnt.
Saxofonist Snooky Flowers,
Kozmic Blues Band

Die Gagen der Musiker wurden zwar nicht mehr wie früher durch fünf geteilt, waren dafür aber beträchtlich gestiegen. 1968 gab es für Janis und Big Brother im Schnitt 4500 Dollar pro Abend, während 1969 ein März-Wochenende im Winterland bereits 30 000 Dollar brachte. Janis verdiente 1969 etwa 50 000 Dollar, was heute an die 200 000 Dollar wären. In puncto Geld erwies sie sich als äußerst konservativ und sparsam, Linda Gravenites nannte sie sogar geizig. Großzügig war sie selten, doch für einen alten Freund, der wegen Drogen und Totschlag angeklagt war, blätterte sie mal schnell den Vorschuss von 20 000 Dollar für die Anwälte hin. Eine liebeshungrige Persönlichkeit wie sie neigte jedoch dazu, sich die gewünschte Anerkennung zu erkaufen. Folglich tummelten sich wie bei vielen anderen Stars auch bei ihr reichlich Parasiten im Umfeld. »Sie wusste nicht, wer ihr Freund war und wer nicht«, so Vince Mitchell. »Sie hatte die fixe Idee, dass die Leute sie benutzten – und die paar, die es nicht taten, die beschimpfte sie in einer Weise, als wären sie die Schmarotzer.« Das bestätigte auch ein alter Freund von der Westküste: »Wir gingen in ein Restaurant und setzten uns an einen Tisch, und 20 Leute erschienen und setzten sich dazu, und am Ende bezahlte sie alles. Sie fühlte sich ausgenutzt, aber sie bot immer von sich aus an zu bezahlen. Irgendwie konnte ich das nie begreifen.«

Trotzdem machte sich Janis schon seit geraumer Zeit Sorgen um die Zukunft und betonte bei jeder Gelegenheit ihr »hohes« Alter, was im krassen Gegensatz zu ihren Interview-Aussagen stand. Zu Hubert Saal von der ›Newsweek‹ meinte sie: »Ich mache keine halben Sachen. Ich

Andy Warhol, Pop- und Multimediakünstler sowie Filmproduzent, vermutlich 1930 in Philadelphia als Bergarbeitersohn geboren. Der Werbegrafiker und Designer stellte in New York seine ersten Schablonenbilder von Schuhen, Geldstücken und Campbell-Suppen-dosen her. Die »Reproduktion des Alltäglichen« mit Serien von Marilyn Monroe, Elizabeth Taylor und Jacqueline Kennedy machten ihn bald zum gefeierten Pop-Art-Künstler. Später kamen die Klischeebilder von Mick Jagger, Liza Minelli und Willy Brandt dazu. Er gründete

> Mann, lieber erlebe ich zehn Jahre lang alles in Schallgeschwin-
> digkeit, als mit siebzig in einem Schaukelstuhl zu sitzen und in
> den Fernseher zu glotzen.
>
> *Janis*

bin 26, und das ist das Einzige, was mich im Augenblick
interessiert, und nicht die Zeit, wenn ich 95 bin.«

Welches Tempo Janis damals vorlegte, zeigen die Aktivitäten nach einem Konzerttag in Detroit. Nach einem
anstrengenden Auftritt hörte sie sich in einer Bar die
Band eines Freundes an. Zurück im Motel gab sie dem
›Playboy‹ ein Interview, hörte die Bänder vom Abend
durch, besuchte die Bar und ging beim Morgengrauen
aufs Zimmer. Zwei Stunden später war sie bereits auf
dem Weg zum Flughafen, um nach New York zu fliegen,
wo sie abends einen Fernsehauftritt in der ›Ed Sullivan
Show‹ absolvierte. Danach ging sie mit den anderen Gäs-
ten ins Max's Kansas City und feierte die ganze Nacht
mit Bobby Neuwirth, Andy Warhol, Tiny Tim und Salva-
dor Dalí durch.

Für die erwähnten Konzerte am 20.–22. März im Fillmore East und anschließend im Winterland in San Francisco kehrte Janis in ihre Wohnung in der Noe Street zurück, in der inzwischen auch »Sunshine« wohnte. Bob
Neuwirth übernahm die Aufgaben von John Cooke und
versuchte, die Fehde zwischen Janis und dem ›Rolling
Stone‹ beizulegen. Doch das Publikum hatte ihr die Trennung von Big Brother noch längst nicht verziehen und
empfing sie überaus kühl. Nicht einmal eine Zugabe
wurde im Winterland gefordert und der ›San Francisco

Mitte der sechziger Jahre seine »Factory«, aus der auch die Band Velvet Underground mit Nico hervorging. Mit ›Sleep‹ und ›Empire‹ wandte er sich dem Underground-Film zu. ›Chelsea Girls‹ wurde im Kino zum Publikumserfolg, ebenso ›Flesh‹, ein Film über Homo-sexualität und männliche Pros-titution. Paul Morrissey, War-hols engster Freund, war Regis-seur, Autor und Kameramann in einem. Warhol verstarb am 22. Februar 1987.

Chronicle‹ versetzte ihr einen weiteren Dolchstoß: »Ihre neue Band ist der letzte Dreck. Janis Joplin sollte zu Big Brother zurückkehren, falls diese sie überhaupt noch haben wollen.« Auch die eingeschworenen Janis-Gegner beim ›Rolling Stone‹ machten sie weiterhin nieder. Janis war tief verletzt, sagte alle Interviews ab und griff wieder zum Heroin. Folglich kam ihr die Europa-Tournee wie gerufen, denn sie hoffte, dass sie fernab der nationalen Hysterie endlich wieder zur Ruhe kommen würde. Die Zeichen dafür standen günstig.

Anfang April machte sich die Band für die Proben nach London auf, am 11. April wurde die Tournee mit einem triumphalen Konzert in Amsterdam eröffnet. Der britische ›Melody Maker‹ titelte: »Mütter, sperrt eure Söhne ein, Janis kommt!« Auch bei den einzigen Deutschland-Auftritten am 12. und 13. April in Frankfurt präsentierte sich Janis in Höchstform. Über 2000 GIs strömten begeistert in die Halle und feierten mit Janis auf der Bühne, während sie mitten unter ihnen sang. Nach Paris, Stockholm und Kopenhagen wurde ihr Auftritt am 21. April in der Londoner Albert Hall den Kritiken nach zu einem Jahrhundert-Ereignis, Janis zur »Legende« und der ›Daily Mirror‹ schwärmte gar vom »wildesten Ereignis seit Elvis«. David Dalton begleitete sie für den ›Rolling Stone‹ und schrieb: »Janis kam und London mit ihr.«

Die Feierlichkeiten zum Tournee-Abschluss in London, denen auch Eric Clapton beiwohnte, verliefen allerdings weniger ruhmreich. Beim kollektiven Drogenexzess wurde Sam Andrew Opfer einer Überdosis und überlebte nur mit Mühe und Not eine Herzattacke. Linda Gravenites

---

Diese Stimme verfügt nicht nur über alle Register, sie hat auch innerhalb der Register alle Töne zur Verfügung. Die Höhe kann heiser kreischen, juchzen, zwitschern und silbern leuchten. Die Tiefe kann samten überreden, deftig locken, gurren und knurren.
Werner Burkhardt, ›Die Welt‹, 16. April 1969

Staple Singers. Pop Staples gründete seine fünfköpfige Familien-Vokalgruppe Anfang der fünfziger Jahre in Chicago. 1953 bekamen sie einen Plattenvertrag und integrierten in ihren Gospelstil auch Musikelemente vom Rhythm and Blues bis Pop. 1971 zog sich Pop zurück, die Band absolvierte erfolgreiche Welttourneen und war 1973 in dem Film ›Wattstax‹ zu sehen.

war derart angewidert, dass sie beschloss, allein in London zu bleiben. Sie hatte bei einem Abendessen für Janis den Ex-Beatle George Harrison kennen gelernt und von ihm den Auftrag für ein ausgefallenes Bühnenjackett erhalten. Bezahlen wollte er dafür allerdings nicht mehr als 24 Dollar pro Woche und am Schluss drückte ihr der britische Geizhals 250 Dollar in die Hand, obwohl sie bis November an diesem Unikat arbeitete.

›Newsweek‹ brachte im Mai einen Artikel über »die Wiedergeburt des Blues«, und eigentlich war Janis für die Titelseite geplant, fiel aber dem Tod von Präsident Eisenhower zum Opfer. »Dieses verdammte Arschloch«, kommentierte sie wenig fein, »nach 14 Herzattacken muss der genau in meiner Woche abnippeln! In meiner Woche!« Viele schwarze Musiker wie B. B. King, Little Richard, Big Mama Thornton, die Staple Singers oder Odetta äußerten sich mit Hochachtung über Janis' Gesang und sie erklärte dem Jazzkritiker Nat Henthoff, dass auch Weiße eine Seele besäßen, weil es kein Patent auf die Seele gäbe.

Damals kam es auch zu einem kuriosen Sangeswettstreit, als der britische Topstar Tom Jones, genannt The Tiger, Janis in seine Fernsehshow ›This Is Tom Jones‹ einlud. »Sie hielt mich für einen dieser Spießer, die normaler-

> Janis Joplin singt den Blues genauso knallhart wie jeder x-beliebige Schwarze. Es geht um den Krieg der Geschlechter.
>
> *B. B. King*

weise auf dem Schirm zu sehen waren«, so Tom Jones. Bei dem Duett ›Raise Your Hands‹ versuchte sie, Tom mit ihrer dreieinhalb Oktaven umfassenden Stimme zu übertrumpfen und meinte anschließend: »Mensch, du kannst ja wirklich singen!«

Mitte Juni begannen in Los Angeles die Aufnahmen zum neuen Album. Janis wohnte im Haus des Produzenten Gabriel Mekler und dessen Familie und verzichtete angeblich in den zwei Wochen vollends auf Drogen. Seltsam dabei war, dass sie nun wieder ins andere Extrem des braven Bürgermädchens zurückfiel mit ordentlich gekämmten Haaren und unscheinbaren Kleidern. Mit Mekler hatte Albert Grossman abermals einen Fehlgriff getan. Mekler, der die Top-Ten-Hits ›Born to be Wild‹ und ›Magic Carpet Ride‹ der Easy-Rider-Band Steppenwolf produziert hatte, respektierte die Kozmic Blues Band nicht sonderlich, was zu entsprechenden Frustrationen bei den Musikern führte, die kamen und gingen und kaum Zeit hatten, sich zu akklimatisieren – wie etwa der neue Trompeter Luis Casca und der Schlagzeuger Maury Baker. Alle lagen sich in den Haaren und nach zehn zermürbenden Tagen betrachtete Mekler die Platte als abgeschlossen, weil die Band wieder ihren Live-Verpflichtungen nachkommen musste.

Laut Janis' Vater krankte das Album ›I Got Dem Ol' Kozmic Blues Again Mama!‹ nicht nur an den überstürzten Aufnahmen, der uneinheitlichen Band, sondern an den Blechinstrumenten, die nicht zu Janis' Stimme gepasst hätten. »Ihre Stimme war selbst ein Orchester.« Musikalisch war Janis rundum unzufrieden. Sie wollte als große

Little Richard beschrieb die verschiedenen Stimmen, mit denen Janis gleichzeitig zu singen pflegte, »als ein Zeichen, dass sie vom Heiligen Geist besessen war, den sie mit sich aus dem Süden gebracht hatte«.

Sie kämpfte verbissen gegen ihren Hintergrund, ihre Herkunft an, denn einige Leute passen einfach nicht in so etwas hinein, außer wenn man auf diese Weise großgezogen wird. In diesem Fall kann man sich niemals davon befreien. Dann zog sie los und suchte nach irgendetwas, das um jeden Preis anders und so weit wie möglich davon entfernt war, und das endete nur in totaler Konfusion.

Produzent Gabriel Mekler

Sängerin anerkannt werden, »und nicht als ausgeflippte Hippiebraut«, so Nick Gravenites. Und Gabriel Mekler bestätigte das: »Sie war sich über die Richtung nicht ganz im Klaren, aber sie wollte ihre Stimme ausbilden und einen höheren künstlerischen Level erreichen. Sie befand

sich damals in einer Art Niemandsland.«

Zu diesem Zeitpunkt wurde die ebenfalls drogensüchtige Peggy Caserta zu ihrer engsten Lebenspartnerin. Die finanziell unabhängige Geschäftsfrau konnte ohne weiteres mit Janis mithalten und besaß sogar die Zimmerschlüssel zur Suite im Landmark Hotel, in der Janis während ihrer Los-Angeles-Termine weilte. Peggy war überrascht, unter welchen

32   Peggy Caserta

Ängsten Janis damals litt, die Verunsicherung, wenn es um ihren Gesang ging. Sie bezeichnete sich als Hochstaplerin, der man eines Tages auf die Spur kommen würde, und hatte Angst vor der zunehmend weiblichen Konkurrenz in der Rockszene.

Janis hatte inzwischen geradezu perfekte Strategien entwickelt, ihre Süchte zu kaschieren, indem sie alle auf die falsche Fährte wies. Den Alkohol posaunte sie groß hinaus wie auch ihre Promiskuität, obwohl sie sich eigentlich zu Frauen hingezogen fühlte. Wie viel die engsten Vertrauten von ihren Problemen tatsächlich mitbekamen, ist schwer zu sagen, aber offenbar hatte keiner das Rückgrat, ernsthaft darauf einzugehen. Wer es wagte, bekam von ihr die großspurige Antwort, mit der sie sich selbst in die Tasche log und alles verdrängte: »Ich komme aus einem guten alten Pionierstamm. Manche Leute sterben und manche überleben es. Ich gehöre zu den Überlebenden.«

Am 4. Juli 1969 starb die schwangere Nancy Gurley bei einem Campingausflug mit ihrem Mann James an einer Überdosis Heroin, was dem Big-Brother-Musiker eine zweijährige Bewährungsstrafe einbrachte. Bezeichnenderweise überspielte Janis die Nachricht mit der zynischen Bemerkung: »Ich glaube, ich sollte mir jetzt frischen Stoff besorgen.« Lou Reed, der Janis 1969 im New Yorker In-Treff Max's Kansas City kennen lernte, schrieb nach ihrem Tod: »Mit wem kannst du reden, wenn du berühmt bist und allein und dich all die Leute vergöttern und mit … dir … high werden wollen und dir zeigen wollen, dass auch sie HIP sind?« Grossmans Reaktion

Well, I'm gonna try just a little bit harder
So I won't lose, lose, lose you to nobody else
Well, I don't care how long it's gonna take me
But if it's a dream, I don't want nobody to wake me …

war eher nüchtern, er schloss eine Lebensversicherung über 200 000 Dollar auf Janis ab.

Nach Auftritten bei den Festivals in Newport und Atlanta gaben Janis und ihre Band am 19. Juli ein Konzert im New Yorker Forest-Hills-Stadion, bei dem sie erstmals eine erotisierte Show im Stil von Jimi Hendrix und Jim Morrison abzog und das Publikum dermaßen aufwiegelte, dass die Polizei einschritt. »Die müssen verstehen, diese Schweine, dass das, was hier passiert, uns betrifft, nicht sie!«, brüllte sie in die Menge. Viele Veranstalter verzichteten daraufhin auf einen Joplin-Auftritt, weil sie Randale befürchteten. Es war der letzte Auftritt mit Sam Andrew, den Janis nun höchstpersönlich feuerte, obwohl manche vermuteten, dass Grossman dahinter steckte. Aber Janis hatte sich mit John Till einen neuen, versierten Gitarristen ausgesucht, der zudem noch ein sympathischer, angenehmer Kerl war.

Das Woodstock-Festival vom 15. bis 17. August 1969 in Bethel, New York, ging als legendäres Topereignis der Hippie-Ära in die Rockgeschichte ein, doch für Janis war dieser Auftritt weder Triumph noch Höhepunkt ihrer Karriere. Fast eine halbe Million junger Leute kamen unter dem Motto »Peace & Music« auf matschigen Wiesen im Regen zusammen, hörten gemeinsam die Musik von 32 Gruppen und Interpreten wie Joan Baez, Canned Heat, Joe Cocker, Judy Collins, Crosby, Stills, Nash & Young, Arlo Guthrie, Jimi Hendrix, The Who, Neil Young, Ten Years After, Ravi Shankar, Santana, Melanie, Sly & The Family Stone, Tim Hardin und The Grateful Dead. Die Veranstalter hielten Janis' Auftritt nicht mal für würdig, in

Nun, ich werde mich einfach ein bisschen mehr anstrengen,
Damit ich dich an keinen anderen verliere
Nun, es ist mir egal, wie lange es dauern wird
Aber wenn es ein Traum ist, will ich, dass mich keiner aufweckt …
Aus ›Try‹ (Jerry Ragavoy, Chip Taylor)

den gleichnamigen offiziellen Kinofilm und die zugehörige Doppel-LP aufgenommen zu werden. Lediglich in der »Hinter-den-Kulissen«-Dokumentation ›Woodstock Diary‹ von D. A. Pennebaker und Chris Hegedus ist sie mit den Songs ›Work Me Lord‹ und ›Summertime‹ zu sehen. Janis flog mit Peggy in einem Helikopter ein und wartete dann im Hotel auf ihren Auftritt. Auf dem Gelände wurde sie im VIP-Zelt mit Champagner und Buffet verwöhnt. Weil durch die permanenten Zeitverschiebungen ihr ansonsten sorgfältiges Timing für die Drogeneinnahme völlig ins Trudeln kam, ging es ihr miserabel. Ihr Auftritt verzögerte sich um gute zehn Stunden. Deshalb setzte sie sich mit Peggy in einem der versifften Toilettenhäuschen auf dem Gelände noch vor dem Auftritt einen weiteren

33   Fans in Woodstock

Schuss. Nach dem Auftritt war sie so fertig, dass sie zur Enttäuschung aller Interviews ablehnte und ins Hotel floh. Ein Megastar auf der Flucht vor sich selbst, das war wohl, womit sie sich die Chance Woodstock trotz eines den Umständen entsprechend akzeptablen Auftritts zunichte machte.

Woodstock veränderte die Rockszene drastisch, die sich mittlerweile zu einem lukrativen Markt entwickelt hatte. Statt der intimen Dance-Shows in Ballrooms drängten die Musiker in die Arenen und Stadien wie Madison Square Garden und Janis gehörte als Galionsfigur wieder einmal zu den Ersten der Stunde. Was an Einheit, Wärme und Nähe fehlte, versuchte sie mit aller Gewalt vom Publikum zu gewinnen, buhlte um frenetischen Beifall und wenn nicht das Chaos ausbrach, dann war sie zutiefst enttäuscht. Von Konzert zu Konzert überzog sie die Bühnenshow, provozierte und schuf damit eine permanente Krawallsituation mit heftigen Auseinandersetzungen.

Im Herbst schickte sie Grossman zu dem anerkannten Suchtspezialisten Dr. Edmund Rothschild, mit dem sie über einen möglichen Heroinentzug sprach. Danach prahlte sie stolz mit der Information, er hätte trotz ihres unmäßigen Alkoholkonsums keinerlei Organschäden feststellen können. Für sie war das offenbar ein Freibrief, um weiterzumachen wie bisher. Zwar legte sie einen Kurzurlaub ein und ging mit den beiden Roadies Vince Mitchell und George Ostrow zum Zelten, aber bei den anschließenden Konzerten in Austin und Houston war ihr bester Freund, die Whiskyflasche, wieder mit dabei. Ihre Eltern waren schockiert, als Janis im September 1969 bei

Sie hatte keine Ahnung, dass man auch auf diese Weise seinen Spaß haben konnte, indem man einfach rausfuhr und im Freien campierte und den ganzen Tag nichts tat. Ich weiß nicht warum, aber niemand hat sich jemals richtig bemüht, mit ihr zusammenzusein und sie glücklich zu machen.

Der Roadie Vince Mitchell

einem Konzert in Houston auf offener Bühne aus einer Southern-Comfort-Flasche trank, fluchte und allerlei peinliche private Intimitäten ins Publikum hinausschrie. Philip Carter, ein alter Freund von ihr, war ebenfalls im Konzert und so besorgt über das, was er hinter, auf und nach der Bühne im Hotel miterlebte, dass er ihr folgende Zeilen schrieb: »Du bist meine Freundin, und ich wünschte, du würdest aufhören, dieser Freundin weh zu tun.« Ihrer alten Freundin Julie Paul gestand Janis nach ihrem Auftritt in Austin: »Weißt du, es ist nicht einfach, wie Janis Joplin zu leben.«

Zu diesem Zeitpunkt begann Janis eine Affäre mit Paul Whaley, dem Gründer und Schlagzeuger der Heavy-Metal-Band Blue Cheer, die mit einer schlagkräftigen Version von Eddie Cochran's ›Summertime Blues‹ die Charts erobert hatte. Leider war der Herr nicht nur verheiratet, sondern ebenfalls schwer auf Drogen. Am 20. September trat Janis in der berühmten Hollywood Bowl auf, bei der viel Prominenz im Publikum saß wie etwa die Schauspielerin Shelley Winters. Janis kaufte sich in Larkspur, in der Nähe von San Francisco, ein gemütliches Haus im Stil einer Landvilla mit einem riesigen, verwilderten Garten. Hier wollte sie zur Ruhe kommen und sich mit schönen Dingen umgeben. Gleichzeitig dokumentierte es ihren neuen Wohlstand, den sie sich in nicht weniger als drei Jahren geschaffen hatte. Kurz vor dem Kauf hatte sie an Linda Gravenites in London einen langen Brief geschrieben und sie gebeten zurückzukommen. Denn die ebenfalls heroinabhängige Sunshine war keine Hilfe in ihrer Situation.

Das US-Trio **Blue Cheer** verdiente sich 1968 mit seiner anarchistischen Cover-Version des Rock-'n'-Roll-Klassikers ›Summertime Blues‹ den Ruf, die lauteste Rockband der Welt zu sein. Drummer Paul Whaley war für den schlagzeuglastigen, energetischen und aggressiven Sound der »Metal-Paten« verantwortlich, die trotz ihrer Reunion 1984 nicht vom neuen Heavy-Trend profitierten.

Anfang November erschien das neue Album ›I Got Dem Ol' Kozmic Blues Again Mama!‹, das sie Nancy Gurley widmete. Janis und ihre Band hatten sich voll auf die schwarze Musik Amerikas konzentriert, wobei der Schwerpunkt auf Soul mit großen Bläserarrangements im Memphis-Sound-Stil lag. Und der war den Studioprofis von Kozmic Blues auf Platte weitaus überzeugender als auf der Bühne gelungen. Somit hatte Janis das umgekehrte Problem wie bei Big Brother, die live völlig überzeugten, im Studio jedoch versagten. Die hatten sich inzwischen unter der Leitung vor James Gurley neu formiert und die Sängerin Kathi McDonald angeheuert.

Das Album verblieb 16 Wochen lang in der Top 40 und spielte abermals eine goldene Schallplatte ein. Allerdings gelang Janis erneut kein Top-Ten-Hit und auch die Kritiken fielen wieder äußerst zwiespältig aus. Anfang November kam es zu einem Arbeitstreffen von Janis und Linda in New York. Linda war von der »neuen« Janis so begeistert, dass sie wieder zu ihr zurückkehrte. Janis hatte offenbar mit den Drogen abgeschlossen, ihren Alkoholkonsum drastisch eingeschränkt und eine Reihe von neuen Aktivitäten begonnen wie Yoga, Reitstunden, eine gesündere Lebensweise. Erstmals seit ihrer Kindheit nahm sie wieder Klavierstunden und setzte sich sogar mit Musiktheorie auseinander. Zu diesem Zeitpunkt wurde Janis erneut Opfer einer unangenehmen Hell's-Angels-Attacke der Frisco-Abteilung. Sie hatte den Bandenchef Sweet Williams zu einer kleinen Feier nach Hause eingeladen und wollte ihm ein Exemplar ihrer neuen LP schenken, die sie im Haus gestapelt hatte. Er rückte über-

Während des Konzertes rauchten sechzehntausend Leute Marihuana. Man wurde schon allein davon high. Als meine Tochter tief durchatmete, war ich mir nicht sicher, was tun? Schließlich kann man jemandem nicht das Atmen verbieten.
Die Schauspielerin Shelley Winters über Janis' Konzert am 20. September 1969 in der Hollywood Bowl, Los Angeles

Janis Joplin: I Got Dem Ol' Kozmic Blues Again Mama!

Produzent Gabriel Mekler versuchte auf Wunsch von Janis und der Plattenfirma, 1969 ein Album mit den Spielarten der schwarzen Musik wie Rhythm and Blues, Soul, Gospel, Spiritual und Blues im Stil der klassischen Motown-Scheiben aus Memphis herzustellen. Die Kozmic Blues Band litt unter Besetzungswechseln, Janis ging voll in ihrer Rolle als emotionsgeladene, temperamentvolle Blues-Mama auf, wirkt aber nicht so gelöst, souverän und lässig wie später auf ›Pearl‹.

›Try (Just A Little Bit Harder)‹ von Jerry Ragovoy, der schon Janis' Klassiker ›Piece Of My Heart‹ verfasst hatte, ist das Motto für lautstarke Bläserarrangements. Trotz großer Röhre klingen Janis' Scat-Varianten weicher, souliger, melodischer und kontrollierter. Auf der Coverversion der Chantels-Ballade ›Maybe‹ von 1957 erreicht sie schwindelnde Höhen im Wettstreit mit den Bläsern und ist standfest bis zur letzten Note. Zu ›One Good Man‹, von Janis und Sam komponiert, mit einer wunderbaren Gitarre von Mike Bloomfield, meinte sie: »Ein Blues ist leicht zu machen. Du machst einfach so einen ›Lonely Woman's Song‹ – jemand, der nach einem prima Typen sucht, und ich hab viel gesucht. Das ist der ewige Blues. Du versuchst immer, hart zu bleiben, damit niemand mitkriegt, dass du es gar nicht bist.«

Nick Gravenites' ›As Good As You've Been To This World‹ ist ein Rhythm-and-Blues-Fetzer, in dem Janis den Sprechgesang der Soulgrößen imitiert, aber oftmals gegen die Bläser regelrecht anschreien muss. Stimmungsvoll hingegen fällt ihre Version des Bee-Gee-Hits ›To Love Somebody‹ als weiche Soulballade im Stil von Otis Redding aus. Der ›Kozmic Blues‹ ist wie ›Summertime‹ oder ›Turtle Blues‹ ein romantisches Barstück von der bittersüßen Art – und vielleicht so unangestrengt, weil er zufällig im Studio entstand, als Produzent Mekler am Keyboard herumspielte und Janis einfach zu singen anfing.

Aus ›Little Girl Blue‹ aus dem Broadway-Musical ›Jumbo‹ von Rogers/Hart – einst von Doris Day gesungen – macht sie einen langsamen, poetischen Blues, begleitet von Gitarrist Sam Andrew und einem klassischen Streichquartett. Unbestritten eine unvergessliche Interpretation, doch Komponist Richard Rodgers soll sie als »Beleidigung« bezeichnet haben. In ›Work Me, Lord‹ von Nick Gravenites presst sie mit gospelinspirierter Stimme aus jedem Wort das letzte Flüstern heraus.

Auf der CD-Veröffentlichung gibt es zwei unveröffentlichte Live-Mitschnitte vom Woodstock-Festival: ›Summertime‹ und ›Piece Of My Heart‹.

›I Got Dem Ol' Kozmic Blues Again Mama!‹ kam im November 1969 auf Platz fünf der LP-Charts und wurde ebenfalls mit einer goldenen Schallplatte ausgezeichnet.

Die deutsche ›Sounds‹ schrieb: »Ein faszinierendes Album, das zum ersten Mal Janis ihren Nimbus als Superstar nimmt und sie so zeigt, wie sie wirklich ist; eine hinreißende Rhythm-and-Blues-Sängerin, die alle Tricks kennt, um ihr Publikum zum Tanzen zu bringen.«

fallartig mit einer ganzen Horde Angels an, die sich den Plattenstapel unter die Nägel rissen. Als Janis einem der Angels seine LP wieder abnahm und ihn als »Mother-fucker« beschimpfte, ging dieser mit den Fäusten auf sie los und schlug sie brutal zusammen.

Am 16. November wurde sie in Tampa, Florida, nach einem Konzert wegen »ungebührlichen Verhaltens« ver-haftet, verbrachte eine Nacht im Gefängnis und kam mit der glimpflichen Geldstrafe von 200 Dollar davon. Als das Publikum nach ihrer Aufforderung die Stühle geen-tert hatte und die Polizei einschritt, legte sie sich mit den Ordnungshütern an, bis die Veranstalter den Strom ab-schalteten. Daraufhin hagelte es Ausdrücke wie »Schwei-ne«, garniert mit zahlreichen »fuckings«, ein in Amerika noch immer tabuisiertes Wort. »Auf der Bühne sage ich, was ich will. Wenn ich dafür verhaftet werde, dass ich ei-nen Haufen Kids angetörnt habe, meinetwegen«, erklärte sie der Presse. Der Organist Richard Kermonde dazu: »So war es eigentlich immer. Sie testete während ihrer Auf-tritte, ob sie es schaffte, das Publikum von seinen Plätzen hochzuscheuchen. Immer war es ein Kampf Janis gegen die Bullen ...«

Am 27. November bestritt bei einem Konzert der Rol-ling Stones im New Yorker Madison Square Garden Tina Turner das Vorprogramm. Irgendwann einmal stürmte Janis die Bühne, um ein Duett mit Tina Turner zu erzwin-gen. Tina ließ sie großzügig gewähren, war aber um den Zustand ihrer Kollegin sehr besorgt.

Wie labil und abhängig Janis insgesamt war, zeigte ihr kurzes Durchhaltevermögen und der schnelle Drogen-

Tina Turner, 1939 in Browns-ville, Tennessee, als Ann Mae Bullock geboren. 1958 heiratete sie Bandleader Ike Turner und erlebte bis zur Scheidung von ihm im Jahr 1974 die Hölle der Ehe und künstlerische Erfolge als sexgeladene Soulsängerin. ›River Deep, Mountain High‹ wurde 1966 in England zum Hit und Mick Jagger ihr Fan. Bis zu ihrem furiosen Solo-Comeback 1984 mit dem Millionenseller ›Private Dancer‹ sowie den Hit-singles ›Let's Stay Together‹ und ›We Don't Need Another Hero‹ aus ›Mad Max III‹ über-lebte sie als Studiosängerin und

rückfall. Am 9. Dezember fand sie sich nach einem Nervenzusammenbruch abermals bei Dr. Rothschild ein, um sich bis zu ihrem eigenen Auftritt im Madison Square Garden am 19. Dezember einer Kurztherapie zu unterziehen. Obwohl sie bis dahin bereits sechs Überdosierungen mit beinah tödlichem Ausgang hinter sich hatte, lehnte sie eine langfristige Behandlung ab und gab sich mit Valium und Methadon zufrieden.

Für das große Ereignis im Madison Square Garden und die anschließende Party entwarf Linda zwei spezielle Outfits für den neuen weiblichen Superstar Janis. Damals entdeckte ›Vogue‹ Janis als die neue Trendsetterin in Sachen Mode, woraufhin die New Yorker Boutique Abracadabra in einer Zeitungsanzeige die Frage stellte: »Was werdet ihr zum Janis-Joplin-Konzert anziehen?« und als Antwort 50 verschiedene Möglichkeiten aufzählte. Anfang 1970 tauchte in allen New Yorker In-Boutiquen der Janis-Joplin-Look auf, ihre Bühnenkreationen von Linda Gravenites in einer Mischung aus verschiedenen Grüntönen, aus Chiffon und gemustertem Samt wurden für die *beautiful people* entsprechend tragbar kopiert. Jahre nach Janis' Tod kupferten auch Rockstars wie Nina Hagen den Federboa-Glöckchen-Klimperketten-Look ab, sogar männliche, vorwiegend aus der Schwulenszene wie etwa Freddie Mercury von Queen oder Boy George.

Das Konzert am 19. Dezember war ihr letztes mit der Kozmic Blues Band und es war nach einem wechselhaften und eher deprimierenden Jahr ein künstlerischer Triumph. Als Gäste hatte sie die Bluesgrößen Johnny Winter und Paul Butterfield mit auf der Bühne. Als sie

mit kleinen Filmrollen. Seitdem ist der Megastar regelmäßig in den Charts, unter anderem mit ›Goldeneye‹, und ihre Stadionkonzerte werden zu wahren Triumphzüger. Ihre Autobiografie ›I, Tina‹ wurde inzwischen verfilmt.

den Otis-Redding-Song ›I Can't Turn You Loose‹ zum Besten gab, garnierte sie ihn mit einer ihrer neuerdings aufwieglerischen Publikumsansprachen, hatte aber offenbar an doppeldeutiger Raffinesse gelernt, als sie heuchlerisch meinte: »Es wäre gegen das Gesetz, wenn ich einfach sagen würde, warum steht ihr nicht auf und tanzt ein bisschen. Ihr würdet euch dann ja auch ungesetzlich verhalten. Also bitte, ich werde keinerlei Vorschläge in diese Richtung machen. Aber, ich würde zu gerne wissen, was ihr da unten verdammt noch mal auf euren Stühlen macht – das hier ist Rock 'n' Roll! Und da gibt es doch nichts, worüber man noch nachdenken müsste!« Die Ansprache verfehlte ihre Wirkung nicht, die Sicherheitskräfte und Polizei mussten machtlos zusehen, wie das Publikum die Bühne stürmte.

Auch wenn der Abend ohne Zwischenfälle endete, hatte er ein Nachspiel. Viele Veranstalter fürchteten Ausschreitungen und verzichteten auf Konzerte mit Janis und Houston, Texas, erteilte für die Sängerin wegen ihres »allgemeinen Verhaltens« gar ein Auftrittsverbot. Anschließend gab Columbia-Boss Clive Davis in seiner Wohnung in der Central Park West eine VIP-Party zu Ehren von Janis, die mit der neuen Eroberung Toby Ross spät antanzte, um sich von Bob Dylan gnädig begrüßen zu lassen.

Danach zog sie sich mit Toby Ross nach Larkspur zurück, wo sie Ende Dezember eine riesige Einweihungsparty für 400 Leute gab, die mit einem gewaltigen Besäufnis endete. Offenbar pendelte sie das restliche Jahr zwischen Ersatzdrogen, Heroin und Alkohol, wirkte niedergeschlagen und abwesend. Sie hatte innerhalb eines halben Jahres 40 Pfund zugenommen und wog nun 70 Kilo. Bei ihrem halbherzigen Versuch, von den Drogen wegzukommen, traf sie mit Sunshine das Selbstschutz-Arrangement, sich erst dann wieder zu treffen, wenn beide clean wären. Ein bisschen Auftrieb gab Janis zu jener Zeit, dass sie Ende des Jahres vom renommierten Musikmagazin ›Jazz and Pop‹ als beste weibliche Sängerin den Kritikerpreis verliehen bekam. Privat allerdings scheiterte sie zusehends an dem Versuch, mit der Droge zu leben, anstatt sie aufzugeben.

Pearl

Anfang Februar fuhr Janis mit Linda Gravenites erstmals seit Karrierebeginn in Urlaub. Dr. Rothschild verschrieb ihr abermals die Ersatzdroge Dolophine und sie lieferte vor ihrer Abreise nach Rio de Janeiro ihre gesamten Drogenvorräte im Wert von ca. 2000 Dollar bei Peggy Caserta ab. Tatsächlich hielt sie den Drogenentzug fünf Wochen lang durch, auch weil sie sich Hals über Kopf verliebte. Der Neue hieß David Niehaus und wusste beim ersten Treffen nicht, dass er Janis Joplin vor sich hatte. Er hatte Jura studiert, reiste um die Welt und beabsichtigte, Lehrer zu werden. Laura beschrieb ihn als jungen Gérard Depardieu und ließ das junge Glück alleine.

Ende März kehrte Janis verschnupft und enttäuscht nach Larkspur zurück. Sie hatte auf einer spontanen Pressekonferenz in Brasilien die Liebesaffäre hinausposaunt und ihren neuen Freund verärgert. Danach zog sie sich bei einem Motorradunfall eine Gehirnerschütterung zu. Zudem konnte David aufgrund von Schwierigkeiten mit seinem Pass nicht mit ihr ausreisen.

Janis machte auf dem Rückweg in Los Angeles Halt, um am 28. März mit Paul Butterfield und dem Produzenten Todd Rundgren die Single ›One Night Stand‹ aufzunehmen, die später auf dem Album ›Farewell Songs‹ erschien. Der Text war ein klares Plädoyer für die sexuelle Freiheit, wie es zuvor kaum je formuliert worden war.

Das Leben der meisten Frauen ist wunderbar, weil sie ganz einem Mann gehören. Sicher – auch ich brauche einen Mann: einen schnuckeligen, liebenswerten, rührenden, wunderschönen Mann. Aber es kommt nicht an diesen Zustand heran, mit Volldampf auf der Bühne durchzuknallen. Ich wollte immer mehr als Bowling oder Drive-in-Restaurants.

Janis

Und leider griff Janis bereits im Studio schon wieder zum Heroin.

Obwohl David kurz darauf in Larkspur eintraf, verblasste die Urlaubsliebe schnell. David lehnte es ab, als Roadmanager für Janis zu arbeiten, und kam mit ihrem Starleben in Larkspur, den Drogen und ihren Frauenbeziehungen überhaupt nicht klar. Obwohl Janis immer noch von einem beschaulichen Eheleben träumte, schreckte sie vor dem letzten Schritt zurück, weil ihr die Karriere wichtiger war. »David liebte sie wirklich. Janis liebte ihn auch, aber sie war nie zufrieden. Selbst jemand, der sie aus tiefstem Herzen liebte, war ihr nicht genug. Sie sagte, ›Bleib bei mir‹, und er erwiderte, ›Komm mit mir.‹ Sie konnte es nicht und er auch nicht«, so Linda Gravenites.

Janis nahm wieder ihr wildes Leben auf, wählte für sich als neuen Namen das Künstler-Pseudonym Pearl, das sie mit ihrem Interesse an den zwanziger und dreißiger Jahren und Frauen wie Mae West erklärte. »Ich bin ein wandelnder Anachronismus«, meinte sie und referierte darüber auch im Eingangsmonolog zu ihrem Song ›Try‹. Janis' Schwester Laura behauptete, Janis wäre es mit Pearl gelungen, ihre öffentliche und private Person zu trennen, wogegen spricht, dass Janis privat längst ihr Bühnenimage sozusagen 24 Stunden rund um die Uhr auslebte. Als Pearl, die Schlampe, die alles raushängen lassen konnte, zog sie mit ihrem seltsamen Junkie- und Außenseitergefolge durch die Bars und Läden der Umgebung, wobei ihre großkotzigen Auftritte im absoluten Alkoholdelirium höchst peinlich waren. Und wie ihre männlichen Musikerkollegen gabelte sie nun junges Gemüse auf, willige

Zu ihrer Freude wurde aus dem Spitznamen Pearl einer, den nur ihre Engstvertrauten dann benutzten, wenn sie besonders liebevoll und mit großer Zuneigung mit ihr redeten.

John Byrne Cooke, Buch- und Filmautor
und ehemaliger Roadmanager von Janis

Mae West (1892–1980). Die Tochter eines US-Preisboxers und einer deutschen Schauspielerin aus New York hieß schon als Kinderstar »Baby Vamp«. Die respektlose Diva der dreißiger Jahre ließ sich nach einer Broadwaykarriere auch von Hollywood, Zensoren oder Frauenverbänden keine Vorschriften machen. Als erotischer, emanzipierter Kassenmagnet bewahrte sie nach dem Börsenkrach 1929 die Filmfirma Paramount vor dem Ruin, nutzte ihren Ruhm, Einfluss und Verstand zur freien künstlerischen Entfaltung. Mit ihren selbst verfassten zweideutigen, deftigen und skandalösen Komödien wie über Tingeltangel, Hafennutten und Lebedamen verstieß sie gegen viktorianische Sex-Tabus und landete sogar im Gefängnis. Sie spielte in Filmen wie ›Diamond Lil‹, ›Ich bin kein Engel‹, ›Go West Young Man‹ und 1978 in ›Sextette‹ mit Tony Curtis, Keith Moon und Alice Cooper.

Jungs im Alter von gerade mal 16 Jahren. Ohne eigene Band gab Janis einige Konzerte als Gast von Big Brother und Graham trommelte eiligst zum 4. April die gesamte San-Francisco-Familie für ein Treffen zusammen. Dafür hatte er sogar ihre Garderobe in Janis Lieblingsfarbe Lila streichen lassen. Der nostalgische Abend endete mit einem neuen Song, ›Ego Rock‹, den Nick Gravenites und Janis im Duett sangen. Acht Tage später erschien sie mit ihrer alten Band abermals auf der Bühne vom Winterland, doch eine Versöhnung stand außer Frage.

Während sie im April mit Nick Gravenites' und Mike Bloomfields Hilfe die neue Band zusammenstellte, suchte sie händeringend nach guten Songs. Eines Tages tauchte in Larkspur der noch unbekannte Kris Kristofferson mit dem wunderschönen Song ›Me And Bobby McGee‹ auf. Bob Neuwirth hatte den Songwriter im New Yorker Bit-

Mein Lieber, für die bin ich doch nur ne Tussi mit einem Kater um elf Uhr morgens. Ich bin nicht frisiert, ich trag seltsame Klamotten und dazu auch noch Federn. Ich komm hier rein und bestell einen Drink. Diese Leute wollen mich hier nicht sehen, Baby, ich mein, sei doch ehrlich, sie wollen mich hier nicht haben – basta …

Janis zu Journalist David Dalton

ter End in Greenwich Village gesehen und war sehr angetan von ihm. Allerseits wurde von dem dreiwöchigen Alkoholexzess »The Great Tequila Boogie« berichtet, mit dem sich Janis für den Song revanchierte und sich gleichzeitig über die gescheiterte Beziehung mit David Niehaus hinwegtröstete. Für sie verkörperte der Texaner mit der männlichen Ausstrahlung alles, was sie sich ersehnte: den absolut perfekten Mann, Liebhaber und Künstlerfreund. Kris war in einer ähnlichen Verfassung wie Janis und die alkoholisierte Notgemeinschaft fegte ihre Versuche von Disziplin und Enthaltsamkeit wieder einmal vom Tisch.

Die neue Band sollte auch differenzierte, leise Töne beherrschen und stand nach einem Monat fest. Die musikalische Richtung gab Kris Kristoffersons vom Country inspirierte Ballade vor, der Name Full Tilt Boogie Band wurde nach einem Ausspruch von Bob Neuwirth gewählt, der eine Party-Einladung zu sich nach Hause mit

den Worten umschrieb: »Full-tilt-boogie«, also »Volle-Kanne-Boogie«.

Neben dem Gitarristen John Till und dem Bassisten Brad Campbell von Kozmic Blues gehörten nun auch der Organist Ken

36   Janis mit Kris Kristofferson

Kris Kristofferson, 1936 in Brownsville, Texas, geboren, war während seines Oxfordstudiums Amateurboxer. Nach seinem Militärdienst versuchte er sich in Nashville als Songwriter. Er schrieb für Countrysänger Roger Miller ›Me And Bobby McGee‹, mit dem

Pearson und Schlagzeuger Clark Pierson zur Gruppe. Bis auf Letzteren waren die Musiker allesamt wesentlich jünger als Janis. Trotzdem verstanden sie sich nicht nur künstlerisch, sondern auch menschlich sehr gut. Warum Janis die Band so abgespeckt hatte, erklärte sie pragmatisch: »Viele Leute haben sich darüber beklagt, dass die Bläser einfach zu viel Krach machen. Ich hab Bläser gern, ich mag den Schub, den sie einem geben. Aber auf Tour gab es immer zu viel Ärger – zu laut, zu viele Leute auf der Bühne. Es funktionierte einfach nicht.« Offenbar gelang es ihr auch, für die neue Band die Verantwortung zu übernehmen. Zu David Dalton äußerte sie sich im Juni folgendermaßen über Full Tilt Boogie: »Ich kann diesen Jungs sagen, was sie tun sollen, und sie tun's! Es ist meine Band. Endlich, meine eigene Band!«

Völlig euphorisch stürzte sie sich in neue Aktivitäten, probte mit ihrer Band und feilte an ihrer Stimme. Bei ihren Kneipenrunden hatte Janis zufällig einen Auftritt der jungen Bette Midler gesehen und war überzeugt, sie würde bald ihre größte Konkurrentin werden, ohne damals zu ahnen, dass die Midler eines Tages im Film ›The Rose‹ in die Rolle von Janis Joplin schlüpfen würde. Im Mai gab Janis eine Party für den Schauspieler Michael J. Pollard, der später unter anderem im Film ›E. T.‹ mitspielte. Alle Gäste mussten sich tätowieren lassen und Janis ließ sich lange, bevor es durch Cher Mode wurde, drei Tattoos verpassen: ein Herz auf die Brust, eine Knospe auf den Fußknöchel und ein dreifarbiges »Armband« um ihr Handgelenk. Kurz danach ergriff Linda Gravenites aus reinem Selbstschutz für immer die Flucht. Noch heute hat sie ein

---

Janis Joplin 1971 posthum einen Nr.-1-Hit hatte. Sein markiger Sprechgesang und Country-Pop brachten ihm und seiner Frau Rita Coolidge viele Hits ein; daneben glänzte der Hüne auch als Hollywoodschauspieler, unter anderem in ›Cisco Pike‹, ›A Star Is Born‹ und ›Heaven's Gate‹. 1992 stand er beim Tribute-Konzert für Bob Dylan mit Willie Nelson auf der Bühne.

schlechtes Gewissen, weil sie Janis vor ihrem Tod verlassen und nie mehr gesprochen hat. Janis' neue Hausgenossin wurde die unloyale Modedesignerin Lyndall Erb.

Doch der Schock über Lindas Weggehen brachte Janis dazu, kurzfristig ihren Junkie-Anhang aus dem Umfeld zu verbannen und sich einer weiteren Kurztherapie zu unterziehen. Der besorgte Grossman schickte Janis nach Mexiko, wo sie bis zu den Aufnahmen ihrer letzten Platte ›Pearl‹ zwei Entziehungskuren in einem Kurbad absolvierte. Drei Monate lang ersetzte sie das Heroin durch das Substitut Methadon und kompensierte den Entzug mit Unmengen von Alkohol. Danach lehnte Dr. Rothschild ab, ihr weiterhin Dolophine zu verschreiben, »denn sie hätte nur so weitergemacht wie bisher und mir etwas vorgespielt«.

Im Mai 1970 lernte sie den wesentlich jüngeren und gut aussehenden Seth Morgan kennen, der vorgab, aus der wohlhabenden Bankiersfamilie J. P. Morgan zu stammen. In Wirklichkeit war er nichts anderes als ein weiterer geschickter Hochstapler mit eigenen Heroinproblemen, der sein Leben mit Dealerei, Diebstahl und als Zuhälter finanzierte und mit Janis die Liebe zu schnellen Motorrädern teilte.

Im selben Monat gab Janis ihr erstes Test-Konzert mit der Full Tilt Boogie Band, merkwürdigerweise bei einer Privatveranstaltung der Hell's Angels im Pepperland, San Rafael. Ob man aus dem Angels-Lager Druck auf sie ausgeübt hatte, ist unklar. Die Atmosphäre war jedenfalls aufgeladen und irgendwann wurde Janis bei einer entwürdigenden Rangelei um ihre Whiskyflasche zu Boden

Vor ein paar Wochen habe ich beschlossen, dass die Musik so gut ist, dass ich es mitbekommen möchte. Die Leute haben mir immer gesagt: »Toll, du hast dies und das gemacht«, und ich meinte, »toll, klingt super. Ich wollte, ich hätte es mitbekommen.«

Janis zu einer Reporterin 1970

geschlagen und verlor das Bewusstsein. Big Brother traten ebenfalls auf und ließen das Konzert für ihre LP ›Be a Brother‹ mitschneiden. Doch die Begegnung verlief nicht sonderlich freundschaftlich.

Die Tournee, die am 29. Mai in Gainsville, Florida, begann und bis in den Juni andauerte, wurde zu einem großen Erfolg. Selbst John Cooke kehrte begeistert als Roadmanager für die Tournee zurück. Publikum und Presse waren sich einig, dass Janis endlich die adäquate Begleitung gefunden hatte und sogar mühelos zu ihren Country-Wurzeln zurückkehren konnte, wobei sie absolut im Trend der aktuellen Musikszene von Bob Dylan bis The Byrds lag.

Nach einem Auftritt in Miami verlor sie nach entsprechendem Alkoholkonsum abermals das Bewusstsein. Inzwischen machte sie sich auch Sorgen, sie könnte aufgrund einer Geschlechtskrankheit keine Kinder mehr bekommen. Deshalb suchte sie am 9. Juni mit Myra Friedman den Suchtspezialisten Dr. Richard Perkins und einen Gynäkologen auf, der sie zumindest in diesem Punkt beruhigen konnte. Ansonsten änderte sie ihre Trinkgewohnheiten lediglich vom Zeitablauf her so, dass sie möglichst nüchtern die Bühne betrat.

Die Übertreibungen drückten sich mittlerweile auch in ihrer Bühnenkleidung aus. Heute würde man sagen, sie lief wie eine Punk-Sirene herum, in nuttigen Netzstrümpfen, Trikots, pfundweise Rouge im Gesicht und bunte Federn auf dem Kopf. Und wenn der Saal nicht voll war, was in jenen Tagen als Folge der von ihr provozierten Krawalle öfters geschah, erzählte sie dem Publi-

> Es ist mir egal, ob das musikalisch ist, aber bin ich rübergekommen?
>
> *Janis 1970*

kum die seltsamsten Geschichten, von denen einige auf dem Album ›Janis in Concert‹ zu hören sind.

Am 25. Juni trat Janis abermals in der ›Dick Cavett Show‹ neben Raquel Welch und Douglas Fairbanks auf und gab ihren neuen Song ›Get It While You Can‹ zum Besten. Als verfänglich stellte sich allerdings später das heraus, was sie über Port Arthur äußerte, als sie meinte, sie würde ihrer Heimatstadt demnächst einen Besuch abstatten: »Sie haben mich aus Port Arthur hinausgeekelt, sie haben mich sogar aus dem Staat hinausgeekelt. Und jetzt komme ich zurück.«

Vom 28. Juni bis zum 5. Juli schloss sich die Full Tilt Boogie Band einem abenteuerlichen Musikunternehmen an und reiste mit dem so genannten Festival Express für drei Konzerte in Toronto, Winnipeg und Calgary quer durch Kanada. Mit von der Partie waren The Grateful Dead, Delaney & Bonnie & Friends, Eric Andersen, Tom Rush, The New Riders of the Purple Sage, The Band, Buddy Guy Blues Band und Flying Burrito Brothers. Man kann sich vorstellen, was sich in den zwölf Zugwaggons abspielte, in denen diese illustre Musikergesellschaft eine Woche lang der Musik und dem Alkohol frönte. Der ›Rolling-Stone‹-Mitarbeiter David Dalton begleitete die rund 130 Rockstars, die unterwegs nur ausstiegen, um sich mit Alkohol einzudecken. Eine Super-Magnum-Flasche mit Canadian Club Whisky thronte auf der so genannten *People's Bar* im Speisewagen. Janis war in ihrem Element und führte unüberhörbar das Wort: »Wenn du keinen Wodka mehr hast, Honey, dann nimm einfach Gin. Du riechst den Unterschied gar nicht, glaub's mir.«

Zelda Fitzgerald (1900–1948) und **F. Scott Fitzgerald** (1896–1940), Traumpaar der Jazz-Ära und Schriftsteller der so genannten »Lost Generation«, das sich auf exzentrische Weise gegenseitig zerstörte. F. Scott Fitzgerald gilt mit den Romanen ›Der große Gatsby‹, ›Zärtlich in

Janis war damals in einer schrecklichen Verfassung, die Alkoholexzesse hatten sichtbare Spuren hinterlassen. Die Haut schuppig und trocken, ebenso die verfärbte Zunge, dazu kamen massive Gesundheitsprobleme, Zahnfleisch-bluten, Magenverstimmungen, Darmstörungen und Kopf-schmerzen. Außerdem musste sie sich unterwegs immer wieder übergeben, möglicherweise ein Indiz dafür, dass sie wieder an der Nadel hing. Und sie prahlte lauthals damit, dass sie auf der siebentägigen Reise 65-mal Sex gehabt hät-te, was allseits bezweifelt und als pure Einbildung der zer-rütteten Sängerin abgetan wurde. Dabei hätte sie auch sonst eine schöne Zeit haben können, entwickelte sich doch die Ballade von ›Me And Bobby McGee‹ im rollenden Rock-Express zur beliebten Reise-Hymne. Und bei allen drei Auftritten waren sie und ihre Band der absolut umjubelte Höhepunkt, überzeugten als musikalische Einheit. Wie sie es schaffte, unter diesen Umständen stimmlich in Best-form zu sein, war ein Geheimnis ihrer merkwürdigen Am-bivalenz zwischen Ausschweifung und Disziplin.

Dalton beschrieb ihre Unterhaltungen und Interviews als eine eigene Kunstform, bei der sie über Gott und die Welt redete, in den unterschiedlichsten Stimmen, die sie imitierte und mit ausdrucksstarken Gesten und Mimik wie eine perfekte Schauspielerin Situationen heraufbeschwor, von Kleinmädchenstimme bis zum Sex-Gestöhn, vom gut-turalen Texas-Slang bis zum ironischen Rock-Gezicke. Und er hielt sie für erstaunlich belesen. Zwei Lieblings-bücher begleiteten sie auf der Kanada-Tournee, Thomas Wolfes ›Schau heimwärts, Engel‹ und die Zelda-Fitzge-rald-Biografie von Nancy Milford. Er fand es ein Glück,

die Nacht‹, ›Der letzte Tycoon‹ und Kurzgeschichten als Chro-nist der Goldenen Zwanziger-jahre. Viele Ideen stammten von Zelda, deren literarisches Talent er nach dem gemeinsa-men ›Ein amerikanischer Traum‹ unterdrückte. Er soff sich um den Verstand, sie kam 1930 in die Psychiatrie, schrieb den Roman ›Save Me the Waltz‹ und starb bei einem Brand.

dass Janis es vermied, literarische Einflüsse in ihren Texten zu verarbeiten, die immer von Herzen kamen und
einfache, archaische Gefühle ausdrückten.

Auf der anschließenden Tournee auf Hawaii sagte sie
ein Konzert in Honolulu ab, um zum 70. Geburtstag ihres
frühen Förderers Kenneth Threadgill am 10. Juli in Texas
zu sein. Der sentimentale und berührende Ausflug nach
Austin in die Bar, in der für sie mit den Waller Creek
Boys alles begonnen hatte, kostete sie 15 000 Dollar Kon-
ventionalstrafe. Sie sang zu einer verstimmten Gitarre
ganz bescheiden ›Me And Bobby McGee‹ und ›Sunday
Morning Coming Down‹. Am 8. August spendete sie eine
große Summe für einen Grabstein der von ihr so verehr-
ten und in den zwanziger Jahren jung verstorbenen Bessie Smith. Es hatte fast den Anschein, als würde es Janis
zusehends in die Vergangenheit zurückziehen, vielleicht,
um wieder Ordnung in ihr Leben zu bringen, vielleicht
auch, weil sie ahnte, dass ihr nicht mehr viel Zeit blieb.
Denn nach einer vermutlich bis Juli andauernden Heroin-
Abstinenz erlitt sie einen weiteren Rückfall, trennte sich
erneut von Peggy, was jedoch keine große Verbesserung
brachte.

Wie groß ihre Verzweiflung damals schon war, machte
das erste der beiden letzten Konzerte in New York deut-
lich. Am 6. August beim zwölfstündigen Peace Festival
im Shea Stadium zum Gedenken des 25. Jahrestages des
Abwurfs der Atombombe über Hiroshima beschimpfte
sie ihr Publikum und jammerte, dass keiner mit ihr schlafen wolle. Trotzdem gelang es ihr zwei Tage später im
Capitol Theatre in Port Chester, die Leute von den Stüh-

Thomas Clayton Wolfe (1900–
1938), US-Schriftsteller aus
North Carolina. Das zentrale
Thema seiner Romane ›Schau
heimwärts, Engel‹ (1929) und
›Es führt kein Weg zurück‹
war die Suche eines jungen
Idealisten nach beständigen
Werten.

> Sie hat mir gezeigt, dass ich 'ne Stimme hab, und mich gelehrt, wie man sie fühlt.
>
> *Janis über Bessie Smith*

len zu reißen, als sie eine energiegeladene Vorstellung hinlegte. Ihr letzter Liveauftritt fand am 12. August vor 40 000 Leuten im Harvard Stadium in Cambridge unter strengsten Sicherheitsmaßnahmen statt – die Polizei rückte sogar mit Maschinenpistolen an. Trotzdem wurde vor dem Konzert zweimal die Anlage gestohlen.

Verständlicherweise fand es keiner eine gute Idee, dass sie am 15. August in dieser seelischen Verfassung ausgerechnet zu einem Klassentreffen der Thomas Jefferson Highschool in Port Arthur reiste. Die Ereignisse dort sollten ihr in dieser schweren Krise den Rest geben. Doch Janis wollte Genugtuung, im Triumph in den Staat Texas zurückkehren, aus dem sie »hinausgelacht worden« war. Angesichts solcher Äußerungen über ihre Heimat war es ziemlich blauäugig von ihr zu glauben, die ehemaligen Peiniger würden Janis, »das Schwein« von damals, endlich voll akzeptieren. Als moralische Unterstützung nahm sie John Cooke, Bob Neuwirth und den Fahrer John Fisher mit.

Die Stadt war im Ausnahmezustand, die Polizei in höchster Alarmbereitschaft, die Organisatoren des Klassentreffens sahen sich in der misslichen Lage zu verhindern, dass die Veranstaltung nicht zu einem reinen Janis-Joplin-Fest geriet. Schließlich schlug das Festkomitee vor, dass Janis vor dem eigentlichen Treffen in der Schule eine Pressekonferenz in einem nahe gelegenen Hotel abhalten

> Keiner bekommt meine Sprachbilder mit, das ist das einzige Problem. Auf die Texte achtet sowieso keiner. Scheiß drauf. Aber ich muss sie hören. Ich muss dran glauben, sonst kann ich sie nicht singen.
>
> *Janis zu David Dalton, 1970*

> Sie haben Kinder, ich habe keine Kinder, ich trage Federn, sie
> tragen keine Federn. Nun ja, wir haben schon eine Menge ge-
> meinsam. Wir können über Vögel reden.
>
> *Janis über die Frauen von Port Arthur*

sollte. Alle waren gekränkt, Janis, weil man sie nicht wirklich wie einen Star willkommen hieß, die ehemaligen Mit-
schüler, weil sie sich pauschal als Janis-Hasser diskrimi-
niert fühlten. Den Abend davor verbrachte sie mit den
Freunden ihrer alten Clique und unternahm in Erinnerung
an alte Zeiten mit Jim Langdon, Grant Lyons und Dave
Moriaty einen Ausflug nach Louisiana »über die Brücke«.

Dem selbst inszenierten Presserummel schien sie trotz
allen Humors nicht wirklich gewachsen. In den ›Port Arthur News‹ jedenfalls stand zu lesen, dass sie sich mit einem Drink in der Hand den Reportern genähert hätte
und meinte: »Sieht aus wie das Heilige Abendmahl, was?«
Und einen unbedarften Reporter einer Lokalzeitung scho-
ckierte sie, als sie ihm auf die, zugegebenermaßen provokante Frage, was sie eigentlich seit 1960 gemacht hätte,
antwortete: »Ich habe immer nur gevögelt und war stets
high.« Genau darauf hatten natürlich alle gewartet.

Der Tropfen, der das Fass zum Überlaufen brachte, war
allerdings ein ursprünglich sachliches Fernsehinterview,
das jedoch in einer arg verstümmelten Form ausgestrahlt
wurde. Die freundlichen Worte über ihre Familie und
Freunde waren herausgeschnitten und ein unbedachter
Scherz über ihr ehemaliges Elternhaus führte fast zum
Bruch mit der Familie. Wie dünnhäutig Janis tatsächlich
war, kam bei diesen Interviews zutage, die man in der

> Es ist verrückt. Wie die meisten Mädchen gehe ich immer sehr
> selbstkritisch mit der Frage um, ob ich zu dick bin, ob meine Bei-
> ne zu kurz sind oder ob ich eine unmögliche Figur habe. Sobald
> ich auf der Bühne stehe, passiert mir das nicht mehr. Ich glaube
> dann fest daran, dass ich wunderschön aussehe.
>
> *Janis*

Dokumentation ›Janis: The Way She Was‹ sehen kann. In der Familie Joplin herrschte keine echte Begeisterung über die »öffentliche« Heimkehr ihrer Tochter. Die Eltern besuchten stattdessen ganz nach Plan eine Hochzeit und waren dementsprechend verärgert, als sie bei ihrer Rückkehr das Haus von der Presse belagert vorfanden. Beim Abschied erklärte Dorothy ihrer Tochter, sie wünschte, sie wäre nie geboren worden.

Wie weit die Entfremdung zwischen der liederlichen Tochter und sittenstrengen Mutter gediehen war, bewies einer der zahlreichen Rundbriefe, die Dorothy Joplin kurz zuvor an die Verwandtschaft geschickt hatte. »Es ist eine seltsame Situation, über sein ältestes Kind als die Queen,

37 Weihnachten 1967 noch in trauter Familie: Janis mit Vater, Mutter, Schwester Laura und Bruder Mike

> O Gott, meine Mutter. Sie ist genauso wie ich – oder – also, ich
> bin wie sie. Es ist mörderisch, wenn wir zusammenkommen.
> Wir haben beide einen so ausgeprägten starken Willen, weißt
> du.
>
> *Janis zu Myra Friedman*

die Göttin, den Superstar zu lesen. Sie ruft hin und wieder an, aber sie schreibt nicht mehr. Vielleicht holt ihre
Familie sie so weit auf den Boden zurück, dass man ihren
Heiligenschein mal abstauben kann.« Nach dem offiziellen Programm machte sich Janis frustriert in den Musikclub Pelican auf, in dem eines ihrer großen Idole auftrat,
der Rock-'n'-Roll-Pianist und Country-Sänger Jerry Lee
Lewis. Bereits zwei Monate zuvor hatte er sie in Louisvil-
le, Kentucky, hinter der Bühne schroff abgewiesen. An
diesem Abend wurde sie bei einem zweiten Versuch von
dem als jähzornig und neidisch bekannten Lewis fast k. o.
geschlagen.

Unglückseliger hätte der Ausflug von Janis in ihre Vergangenheit gar nicht verlaufen können, für ihre ange-
knackste Psyche war er ein einziges Desaster. Zurück in
Larkspur klammerte sie sich verzweifelt an Seth Morgan.
Dass er sie schlecht behandelte, war ihrer Meinung nach
nur ein Liebesbeweis. Euphorisch gab sie ihn bereits als
Verlobten aus und sprach von Heirat. Für ihre Freunde
war Seth ein übler Kerl, als der er sich auch nach ihrem
Tod entpuppte. Er verbrachte drei Jahre im Gefängnis
wegen mehrerer Raubüberfälle, schrieb dort den Roman
›Homeboy‹ und starb 1990 bei einem Motorradunfall unter Drogeneinfluss.

> Sie wollte die Anerkennung in ihrer Heimat, und das brachte sie
> in Schwierigkeiten. Sie wollte es ihnen einerseits heimzahlen
> und andererseits von ihnen geliebt werden. Das ist eine ver-
> trackte Kombination, weil das eine das andere ausschließt.
>
> *Der Künstler Robert Rauschenberg*

Im September begannen die überaus harmonischen Aufnahmen zu Janis' letztem Album ›Pearl‹ in Los Angeles unter der Regie von Paul Rothchild. Musikalisch schien alles perfekt zu laufen, denn der Doors-Produzent war für sie der optimale Partner. Sie gestand ihm, dass es ihr Ziel sei, in 20 Jahren die größte Blues-Sängerin aller Zeiten zu sein. Er setzte auf die Ausdrucks- und Wandlungsfähigkeit ihrer Stimme, ihr Talent, auch leise, intime Töne anzuschlagen. Die Musiker und Janis wohnten wie immer im Landmark, sie verbreitete gute Stimmung, war dem Anschein nach drogenfrei und voller Pläne. »Ein Album fertig zu stellen ist wie ein Reifeprozess«, meinte Janis zu Richard Bell und gestand ihm, dass sie am liebsten gleich ein weiteres aufnehmen würde. Sie liebte das entspannte Klima im Studio, nahm Sonnenbäder am Hotel-Pool und sah nach einer Diät erstaunlich gut aus. Doch das Landmark Motor Hotel war eine stadtbekannte Adresse für Dealer und Junkies und irgendwann zog auch Peggy Caserta wieder ein, die Janis nur zu gern über die Abwesenheit ihres Freundes Seth Morgan hinwegtröstete und damit wieder in den Kreis der Heroinabhängigen hineinzog. Eigentlich hätten bei Janis alle Alarmglocken schrillen müssen, als Jimi Hendrix am 18. September starb und sie kurz darauf einem von Drogen und Alkohol gezeichneten Jim Morrison begegnete. Er wollte sich vor seiner Abreise nach Paris mit ihr aussöhnen und meinte, Rock würde für ihn der Vergangenheit angehören. Seth behauptete, Janis hätte nicht im selben Jahr wie Hendrix sterben wollen und andere behaupten, sie hätte gemeint: »Gottverdammt noch mal, er ist mir zuvorgekommen!«

Weißt du, Janis hat es so gemacht, wie sie es wollte. Wie sie selbst gesagt hat, sie hat's lieber eine Weile volle Kanne getan, als lange Zeit durchzuhalten. Es wäre abscheulich geworden für sie, wenn es weitergegangen wäre.

Linda Gravenites

Janis Joplin: Pearl

Produzent Paul Rothchild bewunderte Janis' Talent und brachte ihr bei, die Stimme voll einzusetzen, ohne sie gleichzeitig in jungen Jahren zu ruinieren. »Sie war der Traum eines jeden Produzenten, so unkompliziert und hingebungsvoll bei der Arbeit«, meinte Rothchild, »es scheint, als wäre meine ganze Karriere darauf ausgerichtet gewesen, mit ihr diese Platte zu machen, mit Janis zu arbeiten.« Die LP mit der enthusiastischen und versierten Full Tilt Boogie Band 1970 eingespielt, wurde nicht nur ihre beste, sondern leider auch ihre letzte.

Schon beim Auftakt mit ›Move Over‹ brillieren Gitarrist John Till und Organist Ken Pearson. Janis greift ihre musikalischen Effekte für die Phrasierungen des Textes im Stil des Scat-Gesangs auf. ›Cry Baby‹, ein Cover von Garnett Mimms & The Enchanters von 1963, ist eine Dreiecksgeschichte. Janis schlüpft in die Rolle der verlassenen Frau und in die des Mannes, der sie verlässt; angeblich war David Niehaus damit gemeint. Zur exzellenten Klavierbegleitung fließt der nuancierte Gesang entspannt aus ihr heraus bis zu einem wilden Strudel. Auch bei dem sanften ›A Woman Left Lonely‹ und ›Half Moon‹ hat sie ihre Exaltiertheit im Griff, forciert nicht mehr auf 120 Prozent. Das Instrumental ›Buried Alive In The Blues‹ ist das einzige unvollendete Stück der LP, eine optimistische Melodie mit New-Orleans-Piano von Nick Gravenites.

Auch mit dem beschwörenden ›My Baby‹ überzeugt Janis mit klarer Präsenz und Transparenz, als habe sie musikalisch zu sich gefunden, wenn sie alle großen Sängerinnen gleichzeitig in ihrem Gesang vereint. ›Me And Bobby McGee‹, der rebellische Countrysong von Kris Kristofferson, ist maßgeschneidert für sie, ein Plädoyer für Freiheit à la Amerika, ein musikalisches Road Movie, in dem ihre variable Stimme mühelos einen Woody Guthrie und eine Tammy Wynette mit Gospel und Rock vereint.

Sie spielte die Akustikgitarre und die Band stieg zu einem großen Finale wie auf ›Hey Jude‹ von den Beatles ein. Mit dieser Rückkehr zu den texanischen Wurzeln lag sie zudem voll im Trend. Genauso originell und zeitlos fiel das gut gelaunte A-cappella-Liedchen ›Mercedes-Benz‹ aus. Bis auf den heutigen Tag ist es samt dem kleinen, diabolischen Lachen am Schluss ihr Markenzeichen. Den Text verfasste sie mit dem Beatnik-Poeten Michael McClure und mit Bobby Neuwirth. Er bezieht sich auf die amerikanische Fernsehshow ›Dialing for Dollars‹ aus den fünfziger Jahren, bei der man einen Farbfernseher gewinnen konnte, wenn man zu Hause war und ans Telefon ging. Die rührende Soulballade ›Trust Me‹ schrieb Bobby Womack, der auch die akustische Gitarre spielte. In ›Get It While You Can‹ packt Janis ihre Billie-Holiday-Verehrung aus, mit zärtlicher Samtstimme wie ein schnurrendes Kätzchen.

Nach Janis' Tod stellten Rothchild und die Band das Album fertig. Sie spielten wochenlang um Janis' Gesangsspuren gänzlich neue Instrumentalbegleitungen ein. Bassist Brad Campbell: »Man muss erst mal erkennen, dass man nur eine Stimme als Vorgabe hat, an die man sich hält. Es lässt sich nur schwer erklären ... aber ich hatte nichts anderes im Kopf als ihre Stimme.«

Das Album hielt sich neun Wochen auf Platz eins der amerikanischen LP-Charts und insgesamt drei Monate in den Hitlisten, die Single ›Me And Bobby McGee‹ zwei Wochen auf Platz eins und insgesamt 15 Wochen in den Hitlisten. ›Pearl‹ wurde 1990 vom ›New-York‹-Magazin in einer Liste der zehn besten Platten, die jemals von Frauen erschienen, auf Platz eins gewählt.

»Ihr Erbe wird die wechselnden Trends der Popmusik überleben ...«

›Billboard‹

»Klassische Meisterwerke des modernen Rock 'n' Roll, vergleichbar etwa mit den Blues-Rock-Aufnahmen der Doors auf ihrem ›Morrison-Hotel‹-Album ...«

Die deutsche ›Sounds‹

Die Beziehung zu Seth Morgan verlief wenig glücklich, auch wenn sie versuchte, nach außen den Schein zu wahren. Ihr Ehemann in spe war nur unter Druck zu bewegen, die vernachlässigte Janis in Los Angeles zu besuchen. Und er lachte sie einfach aus, als sie ihn bat, ihr beim Drogenentzug beizustehen. Langsam kam ihr der Verdacht, dass er es doch auf ihr Vermögen abgesehen hatte, von dem ihm als Ehemann nach kalifornischem Recht die Hälfte zustand. Folglich ließ sie einen Ehevertrag aufsetzen, der ihn von ihrem Vermögen ausschloss. Das Ende der Beziehung war nach einem heftigen Streit über Geld so gut wie besiegelt. Seth kehrte gleichgültig nach Larkspur zurück, Janis ins Studio. Ob sie wusste, dass auch Peggy eine Affäre mit Seth hatte, ist nicht klar.

Nach der Studioarbeit an ›Pearl‹ verbrachte sie ihre Zeit mit den Musikern, fachsimpelte bei ein paar Drinks vor allem mit dem Pianisten Richard Bell, der für die Plattenaufnahmen angeheuert wurde. Er schien als Einziger über ihren Heroinkonsum im Bilde und schob ihn zu Recht auf die Umgebung und ihre alten Drogenkumpane vor Ort, »denn davor hat sie wirklich die Finger davon gelassen«. Auch Nick Gravenites, der zum Ende der Plattenaufnahmen mit dem noch nicht ganz fertigen Song ›Buried Alive In The Blues‹ auftauchte, registrierte besorgt, dass Janis offenbar wieder fixte und unmäßig Alkohol genoss. Er versuchte, ihr den Kopf zurechtzusetzen, aber sie meinte nur: »Ich will den ganzen normalen Kram nicht, ich will brennen.«

Nick glaubte, ihr fehlten Menschen, mit denen sie sich im Gegensatz zu all den Ja-Sagern um sie herum richtig

Janis saß weinend auf ihrem Bett, ihr Federschmuck war auf den Boden geglitten und Patti Smith rief erstaunt aus, wie winzig Janis sei.

»Mensch«, antwortete Janis darauf und ging zum Spiegel, »das ist doch nur, weil ich meine Federn nicht angesteckt habe. Ich stecke sie an … dann bin ich wieder richtig groß!« Und dann zupfte sie auf der Gitarre und sang Patti ein paar Zeilen aus einem neuen Lied vor.

auseinander setzen musste. Damals lud sie die Schauspielerin Shelley Winters als Gasthörerin ins Actors Studio ein, aber Janis kam einfach nie rechtzeitig aus dem Bett, um die Klasse zu besuchen. »Ihr Leben war eine vierundzwanzigstündige Party«, so Shelley. Auch im Grossman-Büro schien ein echter Schlendrian zu herrschen, denn Jack Nicholson wollte Janis für ›Five Easy Pieces‹ engagieren und war nicht der Einzige, der sich beschwerte, dass keiner dort auf Filmangebote für Janis reagierte.

Am 1. Oktober ließ sich Janis beim Friseur die Haare färben und versprühte allenthalben gute Laune. Danach unterzeichnete sie bei einem Anwaltstermin den Ehevertrag und eine Neufassung ihres Testamentes, die etliche gravierende Änderungen enthielt. In der alten Fassung sollte ihr gesamtes Vermögen an Janis' Bruder Michael gehen, weitere Besitztümer an Linda Gravenites.

Dem neuen Testament nach sollten ihre Eltern die Hälfte des Vermögens erhalten, die Geschwister Laura und Michael jeweils ein Viertel. Anstelle von Linda Gravenites wurde Lyndall Erb zur Erbin weiterer Güter. Seth Morgan wurde im Testament nicht bedacht, dafür enthielt es die berühmte Klausel, dass nach Janis' Tod 2500 Dollar für eine Party zu Ehren der Verstorbenen bestimmt waren. Im Ehevertrag mit Seth wurde eine detaillierte Gütertrennung aufgelistet. In dieser ersten Oktoberwoche tauchte Sunshine wieder in Los Angeles auf, die inzwischen ihre Heroinsucht überwunden hatte und hoffte, auch ihre alte Freundin Janis hätte es geschafft. Telefonisch vereinbarten sie ein Treffen, zu dem es nicht mehr kam.

»If you wanna be a big woman star
You gotta sleep alone ...«
»Wenn du als Frau ein großer Star sein willst,
dann wirst du immer allein schlafen ...«

Aus ›Die Story von Janis Joplin‹ von
Myra Friedman, 1992, Hannibal Verlag

Am Samstag, dem 3. Oktober, telefonierte Janis mehrmals mit Seth und flehte ihn an, bis zum Abend nach Los Angeles zu kommen, weil sie Angst vor dem »Samstag-Abend-Blues« nach den Studioaufnahmen hatte. Seine Ausreden beruhten auf der Tatsache, dass er sich in Larkspur mit Lyndall oder Peggy oder beiden amüsierte, die irgendwann einmal alarmiert auf Janis' Telefonanrufe reagierten. Danny Fields, der Lyndall zufällig besuchte, schlug Janis vor, das Wochenende beim Big Sur Festival zu verbringen, aber sie musste wegen der Plattenaufnahmen in Los Angeles bleiben. Schließlich versprach Seth, am Sonntag zu kommen. Peggy flog zwar bereits Samstagabend nach Los Angeles, vergaß aber über eine heiße Liebesaffäre Janis vollkommen. Alles in allem schien Janis zum damaligen Zeitpunkt nur noch von so genannten Freunden umgeben gewesen zu sein, von Egoisten und Schmarotzern, die sie nach Strich und Faden belogen und betrogen.

Acht Songs waren bereits im Kasten, zwei weitere sollten noch auf das Album. Bis zum Samstagabend hatten Janis' Musiker im Studio die Instrumentalspur zu Nick Gravenites Song ›Buried Alive In The Blues‹ eingespielt und eine überraschend gut gelaunte Janis aus Jux und Tollerei die A-cappella-Version von ›Mercedes-Benz‹ zum Besten gegeben, die nach ihrem Tod legendär wurde. Für ihre gute Stimmung sprach auch die launige »Ansprache«, die sie dem Song voranschickte. Etwa zwölf Leute besuchten Janis im Studio, darunter auch Bobby Womack, der den Song ›Trust Me‹ beigesteuert hatte. Jemand erwähnte John Lennons Geburtstag am 9. Oktober,

Bobby Womack, 1944 in Cleveland, Ohio, geborener Soulsänger, der mit seinen drei Brüdern unter dem Namen Valentinos mehrere Hits hatte. Die Rolling Stones coverten sein ›It's All Over Now‹, die J.-Geils-Band ›Lookin' For Love‹. Der schwarze Gitarrist und Sänger arbeitete für und mit Wilson Pickett, Jimi Hendrix, Stevie Wonder und den Rolling Stones, hatte Hits mit ›Harry Hippie‹, ›Looking For A Love‹ und ›Living In A Box‹.

und alle Bands, die in jener Woche im Sunset Sound Studio arbeiteten, hatten als Gratulation eine Version von ›Happy Birthday, Dear John‹ eingespielt. Janis verlängerte das Band um eine Version des Cowboy-Songs ›Happy Trails To You‹ und besuchte anschließend mit den Musikern noch ihr Stammlokal Barney's Beanery. Danach betäubte sie in ihrem Hotelzimmer die Enttäuschung über Seth, Peggy und die Einsamkeit mit einer intravenösen Dosis Heroin. Sie wusste vermutlich nicht, wie rein und stark der Stoff war, weil weder ihr Stamm-Dealer noch Vorkoster in der Stadt weilten. Zum letzten Mal wurde sie nachts um ein Uhr im Hotel an der Rezeption gesichtet, als sie sich beim Nachtportier eine Fünf-Dollar-Note für Zigaretten wechseln ließ. Circa eine Viertelstunde später kehrte sie ins Zimmer zurück, warf ihre Zigaretten aufs Bett, zog sich bis auf Höschen und Bluse aus und verlor die Besinnung. Sie fiel zwischen Bett und Stuhl und schlug sich dabei die Lippe blutig.

Den ganzen Sonntag über versuchte Seth Janis telefonisch zu erreichen und flog schließlich nach Los Angeles. Bei einem Anruf in den Sunset Sound Studios erfuhr er, dass sie nicht wie vereinbart um 18 Uhr eingetroffen war. Seth rief Cooke an, der ebenfalls im Landmark wohnte. Als dieser mit den Roadies Vince Mitchell und Phil Badella beim Verlassen des Hotels das Auto von Janis auf dem Parkplatz entdeckte, holte er den Zweitschlüssel für Janis' Zimmer und fand sie um 19.30 Uhr tot auf dem Boden liegen. Er benachrichtigte Albert Grossman und auch den Anwalt von Janis. Der wiederum schickte einen Arzt ins Hotel. Cooke erlaubte damals nur einem Polizeibeam-

Janis hat niemals einen Auftritt platzen lassen, geschweige denn einen Studiotermin. Mann, sie hat dafür bezahlt. Sie hat ständig sarkastische Bemerkungen darüber gemacht, dass sie die Aufnahmen bezahlen würde.

Roadie Vince Mitchell an Janis' Todestag

ten und Leichenbeschauer den Zutritt. Sergeant Sanchez von der Los-Angeles-Polizei bestätigte den Tod von Janis.

Kurze Zeit später war das Hotel belagert von Polizei und Presse. Anfangs hegte die Polizei den Verdacht, es könnte sich um einen Mord handeln, weil sie keinerlei Drogenspuren im Zimmer fanden. Janis' Spritzbesteck lag säuberlich geputzt in einem Kästchen auf der Kommode. Das offizielle Ergebnis von Dr. Thomas T. Noguchi, dem amtlichen Leichenbeschauer von Los Angeles County, lautete auf Unfalltod, verursacht durch die ungewöhnliche Reinheit des Heroins in Verbindung mit Alkohol. Die Leber zeigte Spuren eines langjährigen Alkoholmissbrauchs, ansonsten wurden keine weiteren Drogenspuren im Körper festgestellt.

Aufgrund des unklaren Berichts machten schnell wilde Gerüchte über die Todesursache die Runde. Dr. Thomas T. Noguchi und C. R. Dambacher, die Chefs des Coroner-Büros, durchsuchten deshalb mit zwei weiteren Kollegen am 5. Oktober um 11 Uhr morgens nochmals das Zimmer von Janis. Dabei kamen mehrere Dinge zum Vorschein, die eindeutig auf kürzlichen Heroingebrauch hinwiesen: blutige Gaze, ein roter Luftballon gefüllt mit Heroin sowie Marihuana und diverse Speed-Tabletten. Dr. Katsuyama führte eine Autopsie durch und schrieb in seinem Bericht: »akute Heroin-Morphin-Vergiftung« durch die »Injektion einer Überdosis«. Darüber hinaus konstatierte er eine Fettleber und fand zahlreiche alte und mindestens zwei frische Einstiche. Labortests bestätigten die ungewöhnliche Reinheit des Heroins, das um das Zehnfache reiner als das normale war. An diesem Wochenende star-

Sie hat die gleichen Veränderungen mitgemacht wie wir. Sie ging auf all die gleichen Trips. Sie war genau wie der Rest von uns – abgefuckt, ausgelaugt, an abwegigen Orten.
Jerry Garcia von
The Grateful Dead

ben in Los Angeles mindestens zehn weitere Personen am selben Stoff. 1974 wurde bei einer Untersuchung, die Janis' Versicherung angeordnet hatte, eine relativ kleine Morphinmenge festgestellt und vermutet, der Alkohol hätte doch eine wesentliche Rolle bei ihrem Tod gespielt.

Nach der Todesnachricht versammelten sich Albert Grossman, Kris Kristofferson, Sunshine und auch Peggy im Studio. Lyndall Erb bat Dave Richards auf Larkspur aufzupassen, der zuerst die Mitglieder von Big Brother informierte, bevor er zum Haus eilte. »Zuerst habe ich die Pflichten erledigt«, so Richards, »dann geheult.« In kürzester Zeit herrschte auf Larkspur Belagerungszustand, Presse, Gaffer, Janis' Anhänger, die sich mit Bier und Drogen niederließen. Laut Peter Coyote sind direkt nach der Todesmeldung in Larkspur die Aasgeier eingeflogen und rafften alles zusammen, was sie kriegen konnten. In Port Arthur wurde die Joplin-Familie mit hasserfüllten Anrufen bombardiert. Die lokale Presse hatte Janis ihre Bemerkungen nie verziehen und machte keinen Hehl aus ihrer Schadenfreude. Die örtliche ›News‹ schrieb: »Sie hat nie in ihrer Heimatstadt gesungen und kam nur sporadisch auf Besuch.«

Erschreckend oberflächlich bis zynisch reagierten auch etliche Musikerkollegen aus San Francisco, mit denen sie noch kurz zuvor im Zug durch die Lande gebraust war. Viele standen an diesem Abend auf der Bühne bei einem Jubiläumskonzert in San Francisco und hatten keine Lust, sich nach der Todesnachricht den Spaß verderben zu lassen. Die meisten schoben ihren Alkoholkonsum als Todesursache vor, jedoch nur, wie David Getz meinte, um sich

---

Sie trank! Das weiß ich wohl, aber sie hat niemals Drogen genommen. Ich kann mir nur denken ... na ja, Schallplatten aufzunehmen kann verdammt hart sein. Beim Newport Festival 1968 fand eine Party statt, und ich sang dort, und sie holte sich ein Sofakissen und setzte sich zu meinen Füßen auf den Fußboden. Als sie starb, da dachte ich ... Ich hab große Stücke auf das Girl gehalten. Ich habe sie geliebt.

Ken Threadgill, Port Arthur

selbst in die Tasche zu lügen über den drogenverseuchten Sumpf, in dem die gesamte Haight-Ashbury-Szene steckte. Den ehrlichsten Nachruf formulierte vermutlich Saxofonist Martin Fierro von Quicksilver Messenger Service am Abend nach Janis' Tod auf der Bühne: »Sie ist heute Abend hier, ja, ihr wisst schon, was ich meine, oder? Sie ist in unser aller Herzen, Munde und Gedanken. Alle sagen: ›Ich wollte, sie wäre hier.‹ Sie ist in meinem Herzen, Mann, schreiend … lachend … meckernd, Mann, meckernd.« Jim Morrison prahlte nach der Todesnachricht, »ihr sauft mit der Nummer drei«, was sich ein Jahr später bestätigen sollte. »Mag sein, du endest nicht glücklich«, so Janis einmal, »aber ich bin im Arsch, wenn ich's nicht versuche. Das ist wie Selbstmord begehen an dem Tag, an dem du geboren wirst, wenn du's nicht versuchst.«

Wie in ihrem Testament festgelegt, wurde der Leichnam von Janis eingeäschert und am 7. Oktober nach einer Trauerfeier im Westwood Village Mortuary für die engsten Familienmitglieder in der Nähe von Marin, San Francisco, in den Pazifik gestreut. Die Geschwister Laura und Michael waren bei der überstürzten Feier nicht dabei, weil ihnen die Eltern den Presserummel ersparen wollten. Die Abschiedsparty, für die Janis in ihrem Testament 2500 Dollar festgelegt hatte, fand am 25. Oktober im Lion's-Share-Nachtclub in San Anselmo statt. »Getränke gehen auf Pearl«, stand auf der Einladung. Big Brother spielten für die Trauergemeinde. Anschließend gingen Sunshine, Seth und Nick Gravenites nach Larkspur, wo auf sie die völlig verzweifelte und verstörte Schwester Laura Joplin

39   Janis Joplin in ihrer   ▶
Wohnung in Larkspur, 1970

wartete. Das Haus war bereits halb ausgeräumt, die Möbel waren vergeben, aber der Anwalt Bob Gordon und Lyndall Erb forderten Laura auf, sich etwas auszusuchen. Sie nahm ein altes, versilbertes Feuerzeug an sich, das sie Janis einmal geschenkt hatte. Ihrer Meinung nach war die ganze Veranstaltung peinlich, geschmacklos und ganz und gar nicht die fröhliche Party, von der Janis geträumt hatte. Seth Morgan tröstete sich in der Nacht der Totenfeier bereits mit einer anderen. Sunshine versuchte die Woche darauf die Besitztümer von Janis, die niemandem im Testament zugesprochen waren, gerecht unter den Freunden zu verteilen. Doch Lyndall verscherbelte alles, was ging,

und verkaufte an Jerry Garcia einen chinesischen Paravent. Als im November das Album ›Be a Brother‹ von Big Brother erschien, auf dem Janis lediglich kurz erwähnt wurde, obgleich sie in etlichen Stücken mitgesungen hat, konnten sich James Gurley und Sam Andrew voll gepumpt mit Drogen auf der Bühne kaum mehr auf den Beinen halten.

Anfang des Jahres hatte Janis in einem Brief an ihre Familie geschrieben: »Ich habe es geschafft, meinen – Schluck – 27. Geburtstag zu überstehen, ohne es richtig zu merken … Ach, es ist schon seltsam … Wenn man ein Niemand & arm ist, macht es einem nichts aus – man kann sich einfach treiben lassen, aber wenn man eine gewisse Position & ein bisschen Geld hat, tut man alles, um mehr davon zu kriegen, & dann, wenn man Numero uno ist, muss man sich den Arsch aufreißen, damit einen niemand einholt! Einholt?! Vor zwei Jahren hat mich das alles noch nicht interessiert! Nein, das stimmt nicht. Ich hab mich umgeschaut & mir ist etwas aufgefallen. Wenn man ein gewisses Talent bewiesen hat (& nur wenige haben dieses Talent), ist der entscheidende Faktor Ehrgeiz, oder, wie ich es sehe, wie viel man wirklich braucht. Wie sehr man es braucht, geliebt zu werden & stolz auf sich zu sein …«

Janis starb an einer Überdosis Janis.
Sänger Eric Burdon

»Bye, Bye, Baby«

Janis' Anwalt Bob Gordon stellte nach ihrem Tod erstaunt fest, dass sie eine peinliche Ordnung in ihren Papieren hatte, in den Scheckbüchern war jede Ausgabe bis auf den Penny genau festgehalten. Damit war nun auch das Pressegerücht widerlegt, sie hätte überall im Lande Bankkonten eröffnet, um vollkommen unabhängig zu sein, was allenfalls zu ihrem Image passte. Der Journalist David Dalton beschrieb Janis als das perfekte Mondkind, das nur tagsüber absurd wirkte, des Nachts aber erstrahlte. Seiner Meinung nach hing das auch mit ihrer Abstammung aus dem Süden zusammen, wo sich die Mädchen schon immer wahnsinnig aufgedonnert haben, um das gleißende Sonnenlicht zu überstrahlen. Ihm hatte sie auch verraten, dass sie wegen ihrer Stimme nie eiskalte oder heiße Getränke trank und deshalb auch den Whisky mit Tee mengte. Die amerikanische Rock-Journalistin Lillian Roxon schrieb 1971, Janis sei durch ihren Tod das Schicksal erspart geblieben, von ihren Nachahmerinnen übertroffen oder bloßgestellt zu werden, die inzwischen bei jeder Party auftauchten. Laura Joplin schickte alle verbliebenen Erbstücke von Janis an ihren Bruder Michael, der in Larkspur auch den Porsche abholte. Linda Gottfried Wauldron kaufte die Autoharp ihrer verstorbenen Freundin Janis. Die medial veranlagte Frau lässt seitdem Janis durch sich sprechen.

Ich halte es für Janis' bestes Album, und wahrscheinlich ist es auch mein bestes Album. Für mich zählt es zu den großartigsten Alben, die die sechziger Jahre hervorgebracht haben. Ich finde es einfach wunderbar.

Produzent Paul Rothchild über ›Pearl‹

Produzent Paul Rothchild hatte zwei Tage nach Janis' Tod die Arbeit am Album wieder aufgenommen und alle hatten sich für den Titel ›Pearl‹ entschieden. Rothchild bat Nick Gravenites, den Gesang für den unvollendeten Song ›Buried Alive In The Blues‹ selbst zu übernehmen. Doch aus irgendeinem Grund kam es nicht mehr dazu und das Album ›Pearl‹ erschien mit dem unfertigen Instrumentalstück einige Monate nach dem Tod von Janis. Die Full Tilt Boogie Band hatte noch etwa zwei Wochen lang Overdubs eingespielt und war danach auf Einladung von Grossman nach Woodstock gezogen. Im Februar 1971 stieg das Album ›Pearl‹ auf Platz eins der US-Charts, hielt sich dort für mehrere Monate und zog mit positiven Kritiken auch die erste künstlerische Würdigung der Sängerin nach sich, die man auch als verspäteten Nachruf lesen konnte. »Klassische Meisterwerke des modernen Rock 'n' Roll, vergleichbar etwa mit den Blues-Rock-Aufnahmen der Doors auf ihrem ›Morrison-Hotel‹-Album«, schrieb etwa die deutsche Musikzeitschrift ›Sounds‹.

Auch die Freiheits-Ballade ›Me And Bobby McGee‹ aus der Feder von Kris Kristofferson eroberte in Windeseile die ersten Plätze der Hitparaden, wurde posthum zum ersten und einzigen Nr.-1-Hit von Janis. Sie hatte das Leben von allen verändert, die sie kannten und mit ihr arbeiteten. Für Kris Kristofferson war der Erfolg von ›Me And Bobby McGee‹, seiner ersten Nr.-1-Komposition, der Start zu einer großen Musiker- und Filmkarriere. »Als ich es zum ersten Mal hörte, konnte ich geradezu ihr Lachen und sie sagen hören: ›Pass mal auf, bis dieser Hurensohn Kris es hört!‹« Ende des Jahres 1971 lösten sich Big

Michael McClure, am 20. Oktober 1932 in Maryland, Kansas, geboren, ist einer der bekanntesten Vertreter der Beat-Generation und San-Francisco-Poets. Provokante Erotik und experimentelle Sprache bestimmen seine Gedichte und Theaterstücke wie ›For Artaud‹ (1959), ›Dunkelbraun‹, ›Jaguar-Himmel‹ und ›The Beard‹ (›Der Bart‹, 1965). Er verfasste mit Bob Neuwirth und Janis den Text zu ›Mercedes-Benz‹.

Brother nach der Veröffentlichung ihrer LP ›How Hard It
Is?‹ auf.

Im Jahr 1972 stieg das erste posthume Live-Album, die
Doppel-LP ›In Concert‹, auf Platz vier der US-Charts. Es
enthielt neben vielen Live-Mitschnitten aus dem Nachlass
mit ›Road Block‹, ›Flower in the Sun‹ und ›Ego Rock‹
auch drei bis dahin noch nie veröffentlichte Songs. Clive
Davis, der Präsident von Columbia Records, schrieb in
der beiliegenden Presseinformation: »Sie ›sang‹ ein Lied
nicht einfach, sie verwüstete es, riss es in Fetzen, ließ es
explodieren. Trotzdem konnte sie im richtigen Moment
unglaublich zart sein, jedes Wort mit Verständnis und
Zärtlichkeit liebkosen.« Die Kritiken in den Musikzeit-
schriften lasen sich ähnlich wie jene im britischen ›Melody Maker‹, der das Album »als perfekte Ergänzung zu
›Cheap Thrills‹« empfahl.

Ein Jahr später, 1973, veröffentlichte Janis' ehemalige
Pressesprecherin Myra Friedman ihre Biografie ›Die Story
von Janis Joplin‹. Im selben Jahr erschien auch ›Going
Down With Janis‹, ein erotisches Enthüllungsbuch der
ehemaligen Lebensgefährtin Peggy Caserta, das ob seiner
Freizügigkeit und Selbstdarstellung unter Janis' Freunden
einen Sturm der Entrüstung auslöste. Und Columbia Re-

Freedom's just another word
  for nothin' left to lose
Nothin' don't mean nothin',
  honey, if it ain't free
An' feeling good was easy,
  Lord, when he sang the
  blues
You know, feeling good was
  good enough for me
Good enough for me and my
  Bobby McGee ...

Freiheit ist nur ein anderes
  Wort dafür,
wenn man nichts mehr zu ver-
  lieren hat.
Nichts bedeutet gar nichts,
  Schatz,
so lange es nicht umsonst ist.
Und sich gut zu fühlen, war
einfach, Gott, wenn er den
  Blues sang
Weißt du, sich gut zu fühlen
  war mir gut genug
Gut genug für mich und mei-
  nen Bobby McGee ...
    *Kris Kristofferson und Fred
    Foster, ›Me And Bobby McGee‹*

Janis Joplin: In Concert

Janis war eine Live-Künstlerin, die nur auf der Bühne ihr Talent vollends entfaltete. 1972 erschien das erste posthume Live-Album mit acht Mitschnitten der Besetzung mit Big Brother & The Holding Company und sechs mit der Full Tilt Boogie Band. Die Big-Brother-Aufnahmen von 1968 bis 1970 sind von schwankender Qualität. Überzeugend sind ›Bye, Bye, Baby‹, identisch mit der ›Winterland-Live‹-Aufnahme von 1968, die Gospel-Improvisation ›Road Block‹ von 1969 und der erstmals veröffentlichte biografische ›Ego Rock‹. Dieses Duett mit Nick Gravenites über eine texanische Tramperin mit großer Stimme ist eingebettet in den harten, urbanen Chicago-Blues.

Die Full-Tilt-Boogie-Aufnahmen entstanden 1970 beim Festival Express durch Kanada. Sie zeigen die exzellent auf Janis eingespielte Band, die ihr jene Freiheit und Selbstsicherheit gab, auch in einem emotionalen Stück wie etwa ›Ball and Chain‹ mittendrin zu einem Publikumsdialog anzusetzen, ohne den musikalischen Faden zu verlieren. Das ist Gefühl pur und Janis, wie sie leibt und lebt.

»Die Öffentlichkeit wusste nicht, wie smart sie war, da sie oft die Rolle der Trinkerin gespielt hat. Auf ›Joplin in Concert‹ kann man beide hören, und das habe ich absichtlich getan«, so der Produzent Elliot Mazer.

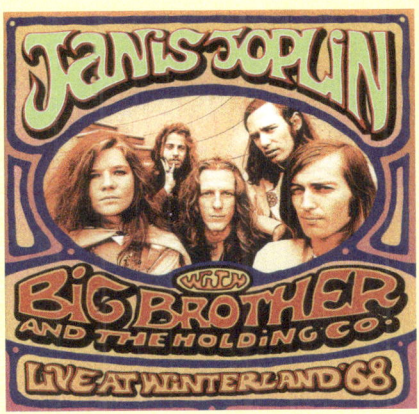

Janis Joplin und Big Brother & The Holding Company: Live At Winterland '68

Dreißig Jahre später kam für Janis und ihre erste Band Big Brother die Wiedergutmachung mit Jubelkritiken. Zu Recht. Das elektrisierende ›Live At Winterland '68‹, in San Francisco bei zwei Konzerten mitgeschnitten und 1998 veröffentlicht, weist alle engstirnigen Musikpuristen in ihre Schranken. Der Westcoast-Sound zeigt sich von seiner besten Seite, tanzbar, aufregend, nicht gedacht für Konzertsaal-Stühle und höfliches Klatschen, nichts für handwerkliche Virtuosen. Der Begriff Crossover existierte damals noch nicht, die musikalische Form sehr wohl. Janis und ihre Band zertrümmern zeitgeistige Schubladen, liefern die Blaupause für spätere Trends, aus Acid wurde Trance, aus albernen Blues-Scats der Rap, aus dilettantischem Rock der Punk. Nur eines hat bis dato nicht mehr stattgefunden, eine solch intensive Stimme, eine solche gesangliche Urgewalt, eine solch ungeschminkte Selbstdarstellung der weiblichen Gefühle.

Janis und Band waren an diesen Abenden zu Hause in San Francisco in Bestform, beflügelt vom Erfolg nach Monterey, interessanterweise aber auch mitten in den Plattenaufnahmen zu ›Cheap Thrills‹, das als Live-Mitschnitt in Detroit zum Debakel wurde. Zumindest nach Meinung des pingeligen und verständnislosen Produzenten John Simon, der weder etwas von verzerrten Gitarren noch von wilden Improvisationen hielt. Pech für ihn, denn ›Live At Winterland‹ ist eigentlich das Album, das ›Cheap Thrills‹ hätte sein sollen – Janis' ungezügelter Tanz auf dem musikalischen Vulkan der Sechziger.

cords gedachte des 30. Geburtstags ihres Weltstars mit einem ›Greatest-Hits‹-Album, ansonsten hätten ihn die Medien glatt vergessen. Obwohl Janis' ehemaliger Manager Albert Grossman im Jahr nach ihrem Tod über eine Million Dollar Einnahmen verzeichnen konnte, war er 1974 finanziell derart am Ende, dass er die Lebensversicherung von Janis über 200 000 Dollar beanspruchte, die ihm im Falle eines Unfalls zustand. Doch die Versicherung verweigerte die Auszahlung mit der Begründung, es sei ein Selbstmord gewesen. Außerdem sei sie bei Vertragsabschluss nicht über Janis' Alkohol- und Drogenprobleme informiert gewesen. Grossman schwor vor Gericht, dass er beim Abschluss der Police nichts von Janis' Heroinsucht gewusst und bei dieser Police eher an einen Flugzeugabsturz gedacht hätte. Grossman, der in den Achtzigern verstarb, bekam schließlich 112 000 Dollar zugesprochen.

1974 veröffentlichte der kanadische Rock-Poet Leonard Cohen auf dem Album ›New Skin For The Old Ceremony‹ den Song ›Chelsea Hotel Nr. 2‹, der Insidern nach als verschlüsseltes Lied über eine Nacht mit Janis Joplin zu deuten ist. Schließlich ist dieser Mann ein wahrer Gentleman, was Janis bestimmt gefallen hat. 1975 kam die wirklich sehenswerte Filmdokumentation ›Janis‹ ins Kino (später auf Video veröffentlicht) und parallel dazu das gleichnamige Soundtrack-Album mit einigen Aufnahmen aus ihren Anfangsjahren in Texas. »Der Film an sich ist eine konventionelle Dokumentation, zusammengestellt aus Live-Mitschnitten und Interviews. Als historisches Dokument geht er jedoch unter die Haut«, schrieb die ›New York Times‹.

> Wir haben sie zweimal in Houston gesehen, im Coliseum und in der Music Hall.
> *Janis' Vater Seth Joplin*

Bette Midler, 1945 in New Jersey geboren, aufgewachsen in Hawaii. Nach einer fundierten Gesangs-, Tanz- und Klavierausbildung in New York debütierte sie am Broadway und wurde in der US-Inszenierung von ›Tommy‹ der erste Kabarett-Star der Beatles-Genera-

I remember you well in the Chelsea Hotel
You were famous, your heart was a legend.
You told me again you prefered handsome men
But for me you would make an exception.
And clenching your fist for the ones like us
Who are oppressed by the figures of beauty,
You fixed yourself, you said, ›Well never mind,
We are ugly but we have the music ...‹

Ich erinnere mich noch gut an dich im Chelsea Hotel
Du warst berühmt, dein Herz war eine Legende
Du hast mir noch mal gesagt, dass du gut aussehende Männer
    vorziehst
Aber für mich würdest du eine Ausnahme machen
Und deine Faust geballt für die, die so sind wie wir
Die wir von den Gestalten der Schönheit unterdrückt werden
hast du dich besonnen und gesagt: ›Ach, was soll's?
Wir sind hässlich, aber wir haben die Musik ...‹

> *Leonard Cohen, ›Chelsea Hotel Nr. 2‹ (1974),*
> *aus ›New Skin For The Old Ceremony‹; Übersetzung nach*
> *›Leonard Cohen – Songs of a Life‹ von Christof Graf (2002)*

Zum zehnten Todestag von Janis wurde der Kinofilm ›The Rose‹ mit Bette Midler in der Hauptrolle gestartet, der auf Janis' Leben basierte. Das Skript hatte mehrere Metamorphosen hinter sich und war ursprünglich als Theaterstück für die Midler mit dem Titel ›Pearl‹ geplant. Alle Beteiligten formulierten in diplomatischer Vorsicht, es sei eigentlich ein Extrakt aus Janis Joplin, Jimi Hendrix, Jim Morrison, Marilyn Monroe und James Dean, »allesamt Charaktere, die nicht wussten, wann sie auf dem Höhepunkt ihres Lebens innehalten sollten«. Das fade Portrait

tion. Kultcharakter hatten ihre schrägen Nostalgie-Shows im Schwulenclub Continental Bath 1970. Mit der LP ›The Divine Miss D‹ begann ihre erfolgreiche Plattenkarriere mit Swing- und Jazz-Oldies. Sie verkörperte 1979 im Film ›The Rose‹ eine Janis-Joplin–ähnliche Figur und kam mit dem Titelsong auf Platz eins der US-Charts. Seitdem spielte sie viele komische Filmrollen, etwa in ›Nichts als Ärger mit dem Typ‹ oder in Woody Allens ›Scenes From a Mall‹.

> Vielleicht hat mein Publikum mehr von meiner Musik, wenn es glaubt, dass ich dabei draufgehe.
>
> *Janis*

einer kaputten Trinkerin war ohne Witz und Charme und tragisch an diesem Streifen war vor allen Dingen die eindimensionale, klischeehafte Kolportage. Paul Rothchild betreute den Soundtrack und Bette Midler wurde als »beste Schauspielerin« für einen Oscar nominiert – und damit zum Star. Sam Andrew, der eine Weile mit dem Janis-Imitator Pearl Heart aus ›The Rose‹ auftrat, meinte, das im Film beschriebene Elend einer Rockgöttin im goldenen Käfig wäre eher eine Siebziger-Jahre-Geschichte, weil sich die Rockszene gravierend verändert hätte: »In den Sechzigern wurde keiner reich, unter Garantie. Bereits fünf Jahre später wurde da mit ganz anderen Summen gehandelt. In den Siebzigern stieg alles ins Astronomische.«

1982 erschienen auf der LP ›Farewell Songs‹ weitere bis dahin unveröffentlichte Aufnahmen von Janis. 1987 starb Janis' Vater Seth im Alter von 77 Jahren an Krebs. Damals lebten die Joplins bereits in Prescott, Arizona, die Schwester Laura mit Ehemann und Familie in Denver. Doch erst im Jahr darauf, als das Live-Album von Big Brother und Janis ›Live in Winterland '68‹ veröffentlicht wurde, erfuhren Janis und ihre erste Band mit positiven Kritiken eine späte Würdigung. Big Brother & The Holding Company hatten sich 1987 bereits in der Originalbesetzung reformiert. Danach verschwand die Musik von Janis Joplin sang- und klanglos in der Versenkung. Bis zu

Melissa Etheridge, 1961 in Kansas geborene US-Musikerin, wurde nach abgebrochenem Musikstudium und Club- und Festivalauftritten von Island-Records-Chef Chris Blackwell entdeckt. 1988 wurde ihr Debütalbum zum Verkaufserfolg. Kritiker nannten sie wegen der dunklen, rauen Stimme zu sparsamen Arrangements und einer vitalen, unprätentiösen Präsentation den »weiblichen Bruce Springsteen«. 1993 erhielt sie für den Song ›Ain't It Heavy‹ einen Grammy, für das Album ›Yes I Am‹ fünffaches Platin. 1995 hielt sie die Laudatio,

den Wiederveröffentlichungen auf CD in den neunziger
Jahren schien es so, als hätte sie niemals existiert.

Die Berührungsängste der neuen Rockfrauen beschrieb
die Sängerin und Gitarristin der New-Wave-Band The
Pretenders, Chrissie Hynde, so: »Ich habe sie noch in
meiner Teenager-Zeit live erlebt. In meinem damaligen,
geordneten Vorstadtleben wirkte Janis wie ein Zugunglück
auf mich.« Auch die wilde, hemmungslose Patti Smith
riskierte es nie, so weit wie Janis zu gehen. Für Frauen
stand sie geradezu als negatives Mahnmal, als warnen-
des Beispiel da, wie gefährlich es war, so zu leben wie die
Jungs. Alice Echols schrieb, gefährlich, riskant, beängsti-
gend seien die Worte, die die meisten Frauen mit Janis in
Verbindung bringen.

Auch die Familie Joplin trug viel dazu bei, dass es in
den Medien zu keinen großen Todes- oder Geburtstags-
jubiläen kam. 1991 wurde das Musical ›Janis‹ auf gericht-
liches Betreiben der Joplins kurzfristig abgesetzt. Die Familie plante in Zusammenhang mit dem Buch von Laura
Joplin ein eigenes Musical, einen Film, eine Radio-Show
und klagte auf die Exklusivrechte »an Janis' Leben«. Die
Autorin Susan Ross erhob eine Gegenklage von drei Mil-
lionen Dollar mit der Begründung, Janis sei ein Teil des
nationalen Erbes »und nicht der Privatbesitz von wem
auch immer«. Sie gewann. 1992 veröffentlichte Schwester
Laura Joplin ihr Buch ›Love, Janis‹, als Selbsttherapie geschrieben und sehr verklärend, in Erinnerung an folgende
Worte von Janis: »Mach keine Kompromisse mit dir selbst.
Du bist alles, was du hast. Lass dich gehen und du wirst
mehr sein, als du jemals von dir erwartet hast.« Gleich-

als Janis Joplin in die Rock 'n'
Roll Hall Of Fame aufgenom-
men wurde, und sang ihr ›Piece
Of My Heart‹. Sie bestritt mit
Bruce Springsteen sein
›Unplugged Special‹ und sang
für Präsident Bill Clinton im
Weißen Haus.

Robert Rauschenberg, 1925 in
Port Arthur, Texas, geborener
US-Künstler. Er stellt aus alltäglichen Fundstücken seine
»Combine Paintings« in Kombination mit Malerei her. Mit seinen bunten Bildern, Collagen
und Happenings gilt er als Vorläufer der Pop-Art.

zeitig erschien die Biografie ›Pearl – The Obsessions and Passions of Janis Joplin‹ von Ellis Armburn, der feststellte, dass es in Port Arthur noch immer Ressentiments gegen Janis gab, obwohl die Stadt inzwischen eine Statue hatte aufstellen lassen. In der Thomas Jefferson Highschool, die Janis einst besucht hatte, hängt zudem ihr Bild neben anderen Prominenten der Stadt im Flur – neben Pop-Art-Künstler Robert Rauschenberg und dem Schauspieler G. W. Bailey aus ›Police Academy‹.

Erst 1993 wurde Janis Joplins Werk rückwirkend neu bewertet und eingeordnet. Nach Anhören der 3-CD-Anthologie revidierten viele Kritiker die Meinung, sie sei ein blasser Abklatsch schwarzer Sängerinnen gewesen. Robert Christgau etwa schrieb in einer späten Erkenntnis: »Janis demontiert die Falschmeldung, dass sie eine Art Blues-Imitatorin oder Hippie-Närrin war.« Auch Sängerinnen bekannten sich plötzlich wieder offen zu Janis' Einfluss auf sie – Joan Osborne, Stevie Nicks, Kim Gordon von Sonic Youth oder PJ Harvey. Und die so genannten Riot Girls der neunziger Jahre korrigierten mit ihrem raffinierten Aggro-Rock das einseitige Bild der leidenden Janis, sahen in ihr eher einen musikalischen Trotzkopf mit Chuzpe und Witz. Zumindest wenn man sich auf der CD-Anthologie das selbstironische, freche ›Cry Baby‹ anhört, muss man ihnen Recht geben. 1995 äußerte die amerikanische Sängerin Melissa Etheridge in einer bewegenden Rede zu Janis' Aufnahme in die Rock 'n' Roll Hall of Fame den frommen Wunsch, ach wäre sie doch noch am Leben, um ein Comeback zu feiern und bei MTV in ›Unplugged‹ aufzutreten sowie »für die Rechte der Frauen einzutreten

Ich weiß noch, dass ich damals dachte, Janis Joplin singt so wie Mae West spricht ... Sie berührt noch heute einen Teil meines Herzens.

Joan Jett von The Runaways

oder die Rechte der Schwulen, um gegen AIDS und Intoleranz zu kämpfen«.

Big Brother gingen 1994 wieder auf Tournee und wurden 1997 durch den Gitarristen Tom Finch verstärkt, mit dem sie 1993 das vorläufig letzte Album ›Do What You Love‹ veröffentlichten. 1999 erschien mit ›Janis Joplin – Piece of My Heart‹ von Alice Echols eine ebenso kluge wie kenntnisreiche und informative Biografie und Zeitgeschichte der sechziger Jahre. David Dalton hatte Janis einmal gestanden, sie hätte seit ihrer Kindheit darauf vertraut, dass es besser würde, wenn sie erwachsen wäre. Heute heißt es bei den Kids in Port Arthur, wenn man den Geist von Janis sehen möchte, muss man in ein dunkles Zimmer gehen, dreimal »Marihuana« sagen, sich umdrehen und nachsehen.

42   Janis Joplin in Aktion

Zeittafel

1943 Janis Lyn Joplin wird am 19. Januar 1943 in Port Arthur im US-Staat Texas geboren.

1961 Nach Abbruch ihres Kunststudiums am Lamar College in Beaumont macht sie eine Ausbildung am Port Arthur Business College als Datentypistin. Danach arbeitet sie einige Monate in Los Angeles bei einer Telefongesellschaft, lebt in der Beatnik-Szene von Venice, Kalifornien, und kehrt Ende des Jahres nach Port Arthur zurück. Am Silvesterabend findet ihr allererster öffentlicher Auftritt als Sängerin im Halfway House in Beaumont vor einem desinteressierten Publikum statt.

1962 Sie tritt im Januar 1962 im Folkclub Purple Onion in Houston auf und singt den Werbespot für eine Bank ein. Im Frühjahr kehrt sie ans Lamar College in Beaumont, Texas, zurück, schreibt sich aber im Sommer an der University of Texas in Austin für das Fach Malerei und schöne Künste ein. Sie schließt sich dem Folk-Duo The Waller Creek Boys an und gewinnt mit ihrer Version von Woody Guthries ›This Land Is Your Land‹ einen lokalen Wettbewerb. Mittwochs treten die Waller Creek Boys in der Musikkneipe Threadgill's auf. Janis begleitet sich dabei oft auf einer Autoharp, einer griffbrettlosen Akkordzither.

1963 Im Januar trampt sie mit Chet Helms nach San Francisco. Sie tritt in den Clubs von North Beach auf, entweder solo oder mit Gitarrenbegleitung, und lernt Leute wie John Phillips, David Crosby, Bill Graham, aber auch die späteren Mitglieder ihrer Band Big Brother kennen. Die Plattenangebote nach einem Auftritt beim Folkfestival in Monterey vermasselt sie durch hohen Alkohol- und Speed-Konsum. Ende des Jahres trampt sie allein nach New York.

1964 Zurück in San Francisco führt sie bis zum Sommer ein bürgerliches Leben. Im Sommer bricht sie mit einer Freundin erneut nach

New York auf und lebt an der Lower East Side. Alkohol, Drogen, Billardspiel und sporadische Auftritte im Club Slug's bestimmen den Alltag. Nach vier Monaten ist sie wieder in San Francisco und lernt den Speedfreak John kennen, der ihr die Ehe verspricht.

1965 Speedsüchtig kehrt sie nach Port Arthur zurück in der Hoffnung auf eine Heirat mit John und ein bürgerliches Leben. Sie gibt das Singen auf, beginnt am Lamar College in Beaumont das Studium von Soziologie, Literatur und Sport und macht eine Psychotherapie. Der autobiografische Song ›Turtle Blues‹ entsteht. John entpuppt sich als Heiratsschwindler und lässt sie sitzen. Daraufhin verschafft ihr Jim Langdon, ein guter Freund, Auftritte in Austin und Houston.

1966 Am 30. Mai bricht sie mit ihrem alten Freund Travis, den Chet Helms geschickt hatte, nach San Francisco auf. Sie wird Frontsängerin von Big Brother & The Holding Company. Im August unterzeichnen sie einen Plattenvertrag bei Mainstream Records und spielen in fünf Tagen in Chicago und Los Angeles das Debütalbum ›Big Brother & The Holding Company Featuring Janis Joplin‹ ein.

1967 Die Band, inzwischen eine Lokalgröße in San Francisco, tritt am 17. und 18. Juni beim Monterey Pop Festival auf. Der Filmemacher D. A. Pennebaker zeichnet den zweiten Auftritt auf und Janis wird über Nacht zum Star. Das nun eiligst veröffentlichte Debütalbum von Mainstream Records kommt auf Platz 60 der US-LP-Charts. Der Bob-Dylan-Manager Albert Grossman nimmt die Band unter Vertrag.

1968 Am 17. Februar geben Big Brother und Janis Joplin ihr New Yorker Live-Debüt im Anderson Theatre. CBS/Columbia Records kauft die Band aus dem Mainstream-Records-Vertrag frei. Am 1. März tritt Big Brother in Detroit auf. Der Konzertmitschnitt erweist sich für eine neue Platte als untauglich. Deshalb wird das Studio E in New York für die Aufnahmen mit Produzent John Simon gebucht. Inzwischen heißt die Band Janis Joplin and Big Brother & The Holding Company. Im August erscheint das zweite Album ›Cheap Thrills‹, das vorab bereits über eine Million verkauft und Gold bringt. Im September wird die Presse informiert, dass sich Janis Joplin zum Ende des Jahres freundschaftlich von

Big Brother trennen wird. Im Oktober steht ›Cheap Thrills‹ auf Platz eins. Im November steigt die Single ›Piece Of My Heart‹ auf Platz zwölf in den US-Charts. Am 1. Dezember tritt Janis Joplin zum letzten Mal mit Big Brother auf. Bereits am 21. Dezember spielt Janis mit ihrer neuen Gruppe, The Kozmic Blues Band, beim Stax-Volt-Yuletide Thing in Memphis, Tennessee.

1969 Am 11. April beginnt in Amsterdam die triumphale Europa-Tournee. Die einzigen Deutschland-Konzerte finden am 12. und 13. April in Frankfurt/Main statt. Im Juni beginnen die Aufnahmen zum dritten Album, unterbrochen von Auftritten beim Newport und Atlanta Festival. Am 18. Juli ist Janis erstmals Gast in der Dick-Cavett-Show. Drogenprobleme überschatten ihren Auftritt beim legendären Woodstock-Festival am 16. August, der weder auf dem Album noch im Film erscheint. Im November wird das dritte Album ›I Got Dem Ol' Kozmic Blues Again Mama!‹ veröffentlicht und kommt auf Platz fünf der US-LP-Charts. Am 15. November wird Janis bei einem Auftritt in Tampa, Florida, wegen Beleidigung eines

Polizisten und obszöner Sprache verhaftet. Sie kommt mit einer Geldstrafe von 200 Dollar davon. Die soulorientierte Kozmic Blues Band löst sich auf. Die Single ›Kozmic Blues‹ erreicht nur Platz 41.

1970 Im Februar nimmt sich Janis eine Auszeit von Konzerten und Drogen und macht Urlaub in Rio. Am 28. März nimmt sie in Hollywood mit Paul Butterfield den Song ›One Night Stand‹ auf. Im April stellt sie ihre neue Band Full Tilt Boogie zusammen und gibt einige Konzerte mit ihrer alten Band Big Brother & The Holding Company. Am 25. Juni ist sie erneut Gast in der TV-Show von Dick Cavett. Vom 28. Juni bis 4. Juli tourt sie mit dem »Festival Express« im Zug durch Kanada. Mit an Bord sind The Grateful Dead, Delaney & Bonnie & Friends, Eric Andersen, Tom Rush, The New Riders of the Purple Sage, The Band, Buddy Guy Blues Band und Flying Burrito Brothers. Am 10. Juli singt sie in Austin zum 70. Geburtstag ihres frühen Förderers Kenneth Threadgill ein Geburtstagsständchen. Am 8. August kauft Janis Joplin einen Grabstein für die 1937 verstorbene Bluessängerin Bessie Smith. Am 12. August findet im Harvard Stadium Janis' letztes Konzert statt. Vom 13. bis 14. August kehrt sie für ein unglückseliges Klassentreffen nach Port Arthur zurück. Im September beginnen die Aufnahmen zum letzten Studioalbum ›Pearl‹ in den West Coast Studios von Columbia in Hollywood. Am 4. Oktober wird Janis tot im Landmark Hotel in Hollywood aufgefunden. Sie hat frische Einstiche im Arm. Die Obduktion ergibt eine zufällige Heroin-Überdosis.

1971 Das Album ›Pearl‹ wird im Februar posthum veröffentlicht und kommt auf Anhieb auf Platz eins der US-LP-Charts und hält sich dort neun Wochen. Im März wird Janis' Version von Kris Kristoffersons Song ›Me And Bobby McGee‹ zur Nummer eins in den Single-Charts in den USA.

Bibliografie

Literatur

David Dalton: Janis Joplin –
Piece Of My Heart, Da
Capo Press, USA,
1971/1985. US-Original-
ausgabe ohne Übersetzung
*Ein witziges Buch, unglaub-
lich frisch und frech, ein
»On-the-Road«-Dialog auf
Tournee, Janis im Original-
ton, hinreißend humorvoll,
frech, schlagfertig, belesen,
klug, nachdenklich und über-
mütig, himmelhoch jauch-
zend, zu Tode betrübt, aber
immer bereit, über sich selbst
zu lachen. Ihre direkte, un-
verblümte Art ist noch heute
erfrischend lebendig, weil
sie die Patina tiefenpsycho-
logischer Analysen vom
Tisch wischt. Sie besaß so
viel erzählerisches Talent
und Humor, dass es verwundert, wie einseitig ernst und
depressiv sie in manchen
Büchern dargestellt wird.*

Myra Friedman: Die Story von
Janis Joplin, Hannibal,
1992
*Janis' Presseagentin beim
Albert Grossman Manage-
ment von 1968 bis zu ihrem
Tod kam der Sängerin sehr
nahe und wusste sicher viel
intimes. Was aber von ihren
detailliert, ja schon überprä-
zise geschilderten Erinnerungen tatsächlich der Wahrheit
entspricht, kann man nur
mutmaßen. Denn die Auto-
rin hat spürbar einen Loyalitätskonflikt – weniger Janis,
sondern vor allem ihrem ehemaligen Arbeitgeber und auch
sich selbst gegenüber. Trotz
sorgfältiger Nachrecherche,
insbesondere über das spätere
Schicksal vieler Wegbegleiter
von Janis, klingt das Buch
etwas sauertöpfisch und bes-
serwisserisch. Jedenfalls ist
es keine künstlerische Würdigung, eher schon das pseudo-
analytische Fallbeispiel einer
suchtkranken Neurotikerin.*

Ellis Amburn: The Obsessions
and Passions of Janis
Joplin, Warner Books,
1992, US-Originalausgabe
ohne Übersetzung
*Nach gut 20 Jahren immer
noch der Lebensstil und nicht
die künstlerische Würdigung
von Janis Joplin. Obwohl der
amerikanische Autor auf endlosen Reisen viele Interviews
geführt hat, entpuppt er sich
als voyeuristische Klatschba-
se auf der Suche nach Sex
und Sensationen. Er zitiert*

vor allem pornografische
Details aus Peggy Casertas
Buch und Angebergeschich-
ten mit fragwürdigem Inhalt.
Kurzum, Sex (Nummer 1),
dann Drogen (Nummer 2),
dann Rock 'n' Roll. In dieser
Reihenfolge über 300 Seiten
in immer wiederkehrender
Reihenfolge, einfach ermü-
dend. Der Versuch, sogar
Janis' frühpubertäres Liebes-
leben zu rekonstruieren, hilft
weder ihr Leben noch ihren
Tod zu verstehen, schon
gleich gar nicht ihre Platten.

Laura Joplin: Love Janis, VGS
Verlag, 1993
Die Biografie von Janis'
jüngerer Schwester Laura
ist problematisch, wenn
auch bisweilen spannend
und informativ. Das liegt
vor allem an dem ausführ-
lichen, aber leider auch
zensierten Briefwechsel
zwischen Janis, ihren Freunden in Port Arthur und
ihrer Familie. Doch Laura
ist befangen und auffällig
bemüht, die Lebensgeschichte
ihrer berühmten Schwester
nachträglich zu korrigieren
und zu kaschieren, wie wenig
die Familie ab einem bestimmten Zeitpunkt tatsächlich
über Janis wusste oder wissen wollte. In Ermangelung
vieler Informationen weicht
Laura Joplin auf eine langat-
mige Historie des Stamm-
baums der Familie Joplin
aus. Familienforschung als
Exorzismus.

Alice Echols: Janis Joplin – Piece
Of My Heart, Krüger Ver-
lag, 1999
Sicher das beste und auch in-
teressanteste Buch für Musik-
liebhaber, mit kenntnisreichen
Hintergrundinformationen
über die amerikanische Mu-
sikgeschichte, Janis' Vorbilder
und gesellschaftliches Umfeld, aber auch sorgfältig re-
cherchierten Interviews und
Schilderungen von Kindheit
und Jugend. Daraus entsteht
ein spannendes, lebendiges
und leicht verständliches
Sitten- und Frauenbild der
sechziger Jahre. Echols räumt
nebenbei etliche Fehler, Miss-
verständnisse, Schlampereien
und billige Spekulationen an-
derer Publikationen aus und
offeriert ein warmherziges
Buch über Frauen im Show-
geschäft. Rundum gelungen
und nicht nur in Sachen
Janis Joplin eine echte Em-
pfehlung.

Peggy Caserta/Dan Knapp:
Going Down With Janis,
Dell Publishers, USA,
1973 – vergriffen
Das erotische Enthüllungs-
buch löste nicht nur unter
Janis Joplins Freunden einen
Sturm der Entrüstung aus.

Heinz Geuen: Hemmungslos
das Leben spüren – Janis
Joplin, Econ Taschenbuch
Verlag, 2000
Diese deutsche Würdigung
erschien zum 30. Todestag
von Janis Joplin. Mit großer
Ernsthaftigkeit und Sach-

*kenntnis widmet sich Dr.
Heinz Geuen erfreulicher-
weise ausführlich dem musikalischen Werk von Janis,
vielleicht ein bisschen zu
wissenschaftlich und akade-
misch. Aber seine Liebe zum
Detail, sachliche Betrach-
tungsweise und der ausführ-
liche, aktuelle Anhang machen
das Manko an Rock-'n'-Roll-
Gefühl wieder wett. Kein
Fastfood-Buch für die Nacht-
lektüre.*

Lilian Roxon's Rock Encyclo-
pedia, Grosset & Dunlap,
New York, 1971
Siegfried Schmidt-Joos/Barry
Graves: Rock Lexikon,
Reinbek bei Hamburg

Zeitschriften

Good Times, Deutschland
Sounds, Deutschland
Stern, Deutschland

Musikgeschichte

Christof Graf: ›Leonard Cohen –
Songs of a Life‹, dtv Mün-
chen 2002
Christian Graf/Burghard
Rausch: Rockmusiklexikon
Amerika, Afrika, Asien,
Australien, Frankfurt
a. M., o. J.
Thomas Hammerl: Rock & Pop
Starlexikon, München,
1997
Tibor Kneif: Sachlexikon
Rockmusik, Reinbek
bei Hamburg, 1978
Elliott Landy: Woodstock
Vision, Reinbek bei
Hamburg, 1984
Carl-Ludwig Reichert: Blues –
Geschichte und Geschich-
ten, dtv Premium, Mün-
chen 2001

Janis auf Video, DVD und im Film

Monterey Pop von D. A. Penne-
baker, 1968, Sony Video
Janis – The Way She Was von
Howard Alk und Seaton
Findlay, Universal Pictu-
res, 1974
The Rose, 1980, Regie Mark
Rydell, mit Bette Midler
und Alan Bates. UK-
Import, Surround Sound
*Kolportagehafter Spielfilm,
der als Hollywood-Spektakel
das Leben von Janis Joplin
schildert, obwohl sich die
Macher davon distanzierten.*

Festival Express, 2003, Regie
Bob Smeaton, DVD,
UK-Import.
Posthum zusammengestellte
hervorragende und amüsante
Dokumentation der legen-
dären Zug-Tournee, siehe
hier im Buch Seite 146.

CD-Tipp:
Janis Joplin – The ultimate
Collection, D-CD, Colum-
bia COL 5105939, 2003

Janis im Internet

Fantality Corporation, The
Official Janis Joplin Home-
page, www.officialjanis.com
mit diversen Links
Kozmic Blues, www.janisjo-
plin.net, eine Website
mit vielen Bildern und
Hintergrundinforma-
tionen
Big Brother & The Holding Co.
auf www.bbhc.com/Big-
Brother.htm mit Hinter-
grundinformationen zur
Band und zu Janis Joplin

Register

Bildnachweis

Leider konnten trotz aller Bemühungen nicht alle Rechteinhaber aufgefunden oder erreicht werden. Berechtigte Ansprüche werden selbstverständlich abgegolten. Die Rechte der hier nicht aufgeführten Abbildungen liegen beim Herausgeber oder konnten nicht ermittelt werden.

dtv portrait

Herausgegeben von Martin Sulzer-Reichel

Originalausgaben

Biographien bedeutender Frauen und Männer aus Geschichte, Literatur, Philosophie, Kunst und Musik